有一种人见人爱的孩子厚德高效

郑　静　李永金　江　胜　汪园黔　著

中国财富出版社

图书在版编目（CIP）数据

有一种人见人爱的孩子厚德高效 / 郑静等著 .— 北京：中国财富出版社，2017.1

ISBN 978 – 7 – 5047 – 6335 – 8

Ⅰ. ①有… Ⅱ. ①郑… Ⅲ. ①家庭教育 Ⅳ. ① G78

中国版本图书馆 CIP 数据核字（2016）第 306718 号

策划编辑 姜莉君 **责任编辑** 姜莉君

责任印制 方朋远 **责任校对** 孙会香 孙丽丽 张营营 **责任发行** 邢有涛

出版发行	中国财富出版社		
社　　址	北京市丰台区南四环西路 188 号 5 区 20 楼	**邮政编码**	100070
电　　话	010 – 52227588 转 2048/2028（发行部）		010 – 52227588 转 307（总编室）
	010 – 68589540（读者服务部）		010 – 52227588 转 305（质检部）
网　　址	http://www.cfpress.com.cn		
经　　销	新华书店		
印　　刷	北京时捷印刷有限公司		
书　　号	ISBN 978-7-5047-6335-8/G · 0669		
开　　本	710mm×1000mm 1/16	**版　　次**	2017 年 1 月第 1 版
印　　张	14	**印　　次**	2017 年 1 月第 1 次印刷
字　　数	206 千字	**定　　价**	39.80 元

#《有一种人见人爱的孩子厚德高效》编委会

前　言

作为父母，对孩子最大的期待是什么？对于教育，父母最关注的是什么？是学习成绩、考试名次，还是快乐成长、身心健康？是长大以后功成名就，还是享受幸福人生？这似乎是个两难的选择题，绝大多数父母觉得这些对孩子都很重要，难以抉择。即使有些父母表示“我对孩子没那么大的期待，只要他健康快乐地长大就可以了”，但真回到现实中面对孩子的教育，这类家长也同样会因为孩子的学习成绩、考试名次、未来有没有出息等问题而陷入深深的焦虑。

2016年8月8日，中国最大的家长社区“家长帮”联合好未来公益基金会发布了《2016年中国家庭教育焦点问题调查报告》，通过对全国不同地区6529个家庭的追踪调查显示：低龄儿童智力过早开发、中小学生素质力缺失、孩子缺少吃苦耐劳的精神等问题已成为新时代家庭教育的痛点。在调查结果中：

中国幼儿园儿童（4～6岁）家庭教育焦点问题排行榜前三名分别是：孩子基本生活问题，如自己穿衣、吃饭（47.5%）；孩子缺少吃苦耐劳的学习精神（40.2%）；孩子注意力集中问题（33.6%）。

中国青少年（7～18岁）家庭教育焦点问题排行榜前十名分别是：生活懒散，不爱整理衣物（70%）；有拖延倾向，喜欢把事情留在最后（58%）；缺少明确的学习目标和计划（56%）；缺少学习自信心，面对难题时，不愿意主动思考（54.7%）；自控力差，常常管不住自己玩游戏、用手机聊天等（53%）；写作业不认真，做题马虎，常常因为简单题丢分（53%）；缺少吃苦耐劳的精神，不愿意挑战困难（48.9%）；读书习惯差（46.8%）；注意力不集中，难以做到坚持学习、做功课（43.4%）；缺少做一件事的恒心，常常半途而废（43.4%）。

从上面这些数据我们可以看出，学习问题才是所有父母对孩子最大的关注点。尤其是 7 ～ 18 岁的青少年的父母，家庭教育的所有焦点几乎都集中在学习上。然而，如果我们从更深层次来分析这些问题，很容易就会发现问题的根本在于孩子的品德、高效上——生活习惯不好，拖延，不会定目标、做计划，缺少自信心，自控力差，做事不认真，缺少吃苦耐劳的精神，注意力不集中，难以做到坚持，缺少恒心……当我们把“学习”二字去掉再回头看这些问题，几乎都成了孩子在品德、高效上的问题。由此可见，当父母为这些问题陷入深深的焦虑，每天盯着孩子“好好学习”的时候，不如从培养孩子高尚的品德、高效的习惯入手，从根儿上解决问题。而本书写作的目的就是帮助父母培养孩子厚德的品德、高效的习惯。

中国人民大学教育学院教授、博士生导师程方平针对报告中凸显出来的问题提出：“就人格塑造、品质培养、行为习惯养成等方面而言，若低龄阶段出现问题后不加以正确的教育引导，这些影响或将贯穿个人成长的始终。”事实上，对于 3 岁以内的孩子来说，他们没有强烈的道德感，更没有所谓的“高效习惯”，他们都是通过模仿父母的言行逐渐形成自己的品德、习惯的。所以，对于孩子厚德高效的培养，主要靠父母的榜样作用。有时候，父母不需要说太多，只需要去做。你希望孩子成长为什么样子，自己就先成为那个样子。

因此，本书的第一章就强调，父母如果自己能做到厚德高效，必然能教出有道德、有效率的孩子。父母对孩子最重要的教育，不是“说教”，而是“言传身教”。父母要在孩子面前树立良好的厚德高效的形象，在日常行为中注重品德言行，保持正确的“三观”，养成不断学习的习惯，做一个尊重他人、诚实守信的人，对孩子的品德形成产生积极的影响。最重要的是，父母要关系和睦，给孩子一个和谐、有爱的家。

有些父母认为，过分强调爱与自由，采取较为柔和的沟通与鼓励的方式教育孩子，容易使孩子养成散漫、以自我为中心的个性。事实上，恰恰相反，厚德高效的培养，并不是毫无原则地纵容、溺爱孩子，而是要建立在一定原则的基础上。本书第二章介绍了教出厚德高效孩子的七大原则：帮孩子建立该有的品德和价值观；厚德高效训练，要循序渐进；在日常活动中对孩子进行训练；“限制”与“肯定”，要两面兼顾；不仅教导“如何”，更要教导“为何”；父母的榜样作用重于一切；有态度：尊重与支持，肯定与鼓励。

所以，对孩子进行厚德高效的培养，并不意味着毫无目标的放纵和毫无章法的鼓励，而是要有目标、有限制、有计划地对孩子进行培养、教导。当然，在培养的过程中，父母要保持一种尊重、支持、肯定与鼓励的态度，使孩子真正从心灵上接受父母的教导，是非常重要的。

具体到厚德高效的培养，父母首先要做的就是为孩子营造有利于良好品德和习惯养成的环境。也就是本书第三章介绍的内容——厚德高效培养第一步：调整环境，改善情绪。这里的环境包括外部环境和孩子自身情绪两个方面。

父母要在外部环境上为孩子营造一种利于其高效学习，养成良好品德、习惯的氛围，比如，对孩子学习的关心要把握好“度”，既不完全放手，又不能让孩子感觉到厌烦。父母要想使自己的教育更有效，让孩子愿意听自己的教导，首先必须和孩子建立良好的、亲密的亲子关系。再如，让孩子有一张安静的书桌，使其能够全身心地投入到学习中，尽可能地不让外界环境打扰他的注意力。这对于孩子的专注力养成极为重要。此外，在孩子情绪的改善上，父母首先要注意与孩子建立情感上的沟通，营造一种家庭民主氛围；其次要教会孩子如何处理负面情绪，做好情绪管理。总之，在培养孩子厚德高效的这条路上，父母第一步要做的就是树立教孩子“做人”比教“学业”更重要的理念，并且深入了解孩子的内心，从情感上和孩子建立亲密的关系，取得孩子的信任、依赖。

接下来，就是本书第四章介绍的内容——厚德高效培养第二步：耳提面命，言传身教。也就是说，在取得孩子的信任、依赖之后，父母不要急于教训孩子“你必须怎么怎么做”“你应该怎么做”，而是先自己做到，为孩子树立好榜样，并且在言行举止中对孩子进行影响，在日常生活的一点一滴中对孩子进行品德、习惯的渗透和培养。

当然，仅仅是树立榜样，日常渗透，还不足以使孩子养成厚德的品德、高效的习惯，反而有可能因为过于宽松的教育方式，使孩子过于自由、以自我为中心，完全意识不到父母的苦心。所以，在第五章，我们强调厚德高效培养第三步：规范行为，激励执行。通过对孩子在厚德高效方面的言行进行规范，让孩子真正意识到“应该怎么做，不应该怎么做”。为孩子设定明确的“限制”和“规则”，并在激励中严格执行。

然后，第六章介绍了厚德高效培养第四步：强化德行，养成习惯。孩子通过父母的规范和激励，养成了厚德的品德、高效的习惯之后，就需要在父母的帮助下进行强化，使这些品德、习惯真正转化为孩子学习、生活中的一言一行，成为伴随孩子一生的优秀品质。

本书的最后一章——第七章介绍了厚德高效培养第五步：陪伴支持，鼓励与爱。孩子的个性极不稳定，很容易受到外部环境的影响而发生变化。所以，即使孩子养成了厚德高效的品德、习惯，在其日后的成长过程中也很有可能因为受到不良影响而发生改变。所以，父母要持续地通过陪伴与支持、鼓励与爱，让孩子始终处在父母为其营造的厚德高效的家庭环境中，始终对他的品德、习惯产生积极有效的影响。

希望本书能够真正帮助广大家长解决在教育孩子方面的一些问题。为了避免对孩子进行厚德高效的教育流于形式、知而不行，父母不仅要教孩子认识到养成良好品德、高效习惯的重要性，还要在日常生活中对他进行训练，并通过自身的榜样作用为他提供模仿学习的环境，对他进行持续不断的影响。总之，当父母怀着美好愿望教育孩子并恨其不争的时候，请一定理智地进行自省，问问自己：我是否做到了我对孩子的要求和期待？因为无论是品德还是习惯，你都是孩子最好的榜样！

作者

2016 年 11 月

目　录

第一章　父母厚德高效，教出有道德的孩子

父母的形象会影响孩子的一生 // 003
好品德是给孩子最珍贵的礼物 // 006
保持正确的“三观”见识 // 009
不一定才华横溢，但热爱工作 // 013
追求上进，持续不断地学习 // 016
尊重每个人的人格自由，包括孩子 // 019
取信于人，取信于孩子 // 023
父母关系和睦，家和万事兴 // 026

第二章　教出厚德高效孩子的七大原则

帮孩子建立该有的品德和价值观 // 033
厚德高效训练，要循序渐进 // 038
在日常活动中对孩子进行训练 // 042
“限制”与“肯定”，要两面兼顾 // 045
不仅教导“如何”，更要教导“为何” // 048
父母的榜样作用重于一切 // 051
有态度：尊重与支持，肯定与鼓励 // 054

第三章　厚德高效培养第一步：调整环境，改善情绪

关心孩子的学习要有“度” // 061

让孩子有一张安静的书桌 // 064

注意与孩子情感上的沟通 // 068

家庭民主气氛浓厚 // 072

让孩子学会为情绪按下“暂停” // 075

让孩子体验父母如何管理情绪 // 079

给孩子自己处理负面情绪的机会 // 082

教“做人”比教“学业”更重要 // 086

第四章　厚德高效培养第二步：耳提面命，言传身教

用“示范”代替“说教” // 091

明确的学习目标和计划表 // 094

保证合理的睡眠时间 // 098

每天吸收一点厚德知识 // 102

先自学，再虚心求教 // 105

转换视角，学会对比和选择 // 109

养成归纳的习惯，将书读薄 // 113

多动手实践，永不做旁观者 // 116

直面失败，勇于挑战 // 120

周期性复习，把握学习的节奏 // 123

第五章　厚德高效培养第三步：规范行为，激励执行

肯定具体的好表现，为孩子标界 // 129

帮孩子改掉拖拉磨蹭的坏毛病 // 133

不带情绪，客观纠正孩子的行为 // 137

施展语言魔法，让孩子快乐改正 // 141

用肢体动作表达你的接纳 // 144

建立孩子时间管理的能力 // 148

不打扰孩子做好他喜欢的事 // 153

第六章　厚德高效培养第四步：强化德行，养成习惯

礼貌是最重要的品德 // 159

让孩子懂得遵守规则 // 163

培养孩子集体友爱的精神 // 167

教孩子养成有始有终的习惯 // 171

对孩子的坚持给予鼓励和协助 // 175

培养刻苦顽强的毅力 // 179

诚实的习惯对孩子的人生至关重要 // 183

第七章　厚德高效培养第五步：陪伴支持，鼓励与爱

陪伴与支持是最好的教育 // 189

了解并尊重孩子的内心世界 // 193

会犯错的孩子更真实，宽容他并引导他 // 197

从情感上与孩子在一起 // 201

教会孩子什么是爱，如何去爱 // 205

给孩子一个充满爱的家 // 210

第一章

父母厚德高效，教出有道德的孩子

父母是孩子的第一任老师。一个孩子品学兼优、厚德高效，主要得益于家庭。更确切地说，主要得益于其父母厚德高效的榜样。父母之间相处的方式，以及他们对社会、人生的态度，对事业、金钱的态度，做人、做事的态度，都对孩子有着潜移默化的影响，对孩子的品性、道德起着至关重要的作用。父母相爱、家庭和睦的孩子，一定更懂得爱与责任，他们的内心是安定、善良、乐观、积极的。所以说，父母相爱，是给孩子最好的爱和教育。世界上最好的家，就是爸爸妈妈相爱，同时他们都爱孩子。

父母的形象会影响孩子的一生

一个家庭的家风是什么？有人说是“挣很多钱”，有人说是“平凡是福”，有人说是“听妈妈的话”……还有说是像“放羊的小孩”那样——放羊，羊喂大了卖钱，有了钱娶老婆，娶了老婆生小孩，生小孩放羊……总之，不同家庭的家风千差万别，唯一相同的是，每个家庭的家风都承载着这个家庭的生活方式、生活态度、文化氛围、世界观、价值观和人生观等。更具体一点说，就是一个家庭的家风是由一代代的父母言传身教、以身作则而逐渐形成的。家风是父母在潜移默化中对孩子的影响，是父母在孩子心中留下的难以磨灭的形象。

美国著名“家庭治疗大师”萨提亚认为，父母为孩子创造的原生家庭环境可能影响孩子一生。而在原生家庭环境中，对孩子影响最大的就是父母的形象，或者说孩子眼中父母的形象。许多父母在对孩子的教育方面下了很大的功夫，花费了大量的金钱和精力，结果却事与愿违，孩子并没有如他们所期待的那样成长。究其原因，就在于父母的言行脾性在孩子心中塑造的形象和其希望孩子成为的样子是相反的。比如，有的父母不断地教育孩子要做一个诚信的人，自己却总是在孩子面前言而无信。在孩子眼中，父母的形象是言而无信的，这种不好的形象在潜移默化中对孩子产生了极大的影响。如此一来，即使父母每天都强调一百遍“孩子，你要做一个诚信的人”，结果也不会如愿。孩子会在心中反问：“你总是言而无信，又凭什么叫我做一个诚信的人呢？”

张琳已经是两个孩子的母亲了，但她妈妈自卑、虚荣的形象仍然对她有极大的影响。有很多次，她即使是和妈妈打电话都感觉很不开心。

小时候，张琳从妈妈那儿听到最多的话是：“别人家的孩子和你一般大，比你高半个头，你怎么就不长个呢！”“你舅舅家的孩子这次考试又考了第一，你考这么点，真是让我丢脸！”“你一定要好好学习，考上一个好大学给我们争口气。”从某种层面来说，张琳甚至觉得自己三十多年的人生似乎都是在为妈妈而活。

即使现在她成了家，有了自己的孩子，妈妈依然为了“争口气”“面子”不断掌控着她的生活。比如，某个亲戚家里要办什么事，妈妈打电话让她回去帮忙。即使张琳跟她再三强调自己很忙，真的走不开，妈妈也会在最后补上一句：“你最好还是回来，不然恐怕人家会不高兴，我们家有事的时候人家也来了。”言下之意就是：你不回来就会让我丢脸，所以你必须回来。

即使张琳非常不认同妈妈的这些想法、做法，甚至十分反感，但她自己在处理一些事情的时候，还是会不自觉地把“别人都是怎么做的”“我这样做会不会丢脸”……作为首要评估标准。张琳一直希望可以按照自己的意愿去做一件事，而不是为了妈妈的期待去逼迫自己，甚至是为了和别人比而强迫自己。但是，她始终无法摆脱妈妈对她造成的影响。

父母的形象会影响孩子的一生。也许很多父母从没有认真思考和承认过这个问题，但这确实是一个不能否认的事实。一个人从小到大，在父母陪伴他成长的每一个阶段，父母的一切，包括父母的形象、世界观、人生观、价值观……都会在不知不觉中影响着他。

王萌萌是一个漂亮可爱、聪明能干的女生，可是她在感情上却一直不顺，总是遇人不淑。最后，她选了一个其貌不扬、老实本分的男人结婚，婚后的生活却依然不幸福——她的情绪就像一颗不定时炸弹，随时都会因为一点小事而“爆炸”。刚开始她老公还会忍着、让着，慢慢地就开始反击，和她吵，和她打。每次吵完、打完之后，王萌萌都会非常难过地想：我怎么这么不幸呢？

事实上，这种不幸的根源在于王萌萌自身，她其实一直对男人缺乏信任，甚至是充满仇恨。她从未想过要和男人好好相处，反而随时处在备战状态。而这一切都源于小时候她的爸爸留给她的印象。

在王萌萌的回忆中，爸爸总是不在家。她的妈妈总是拉着她，在漆黑的夜里到处找她爸爸。拉着妈妈的手，她能明显感觉到妈妈在发抖。她不知道为什么爸爸不回家，更不知道为什么她和妈妈要在这样的黑夜里像无头苍蝇一样去找爸爸。但是，她想，爸爸妈妈一定发生了什么事。

后来，等她再长大一些的时候，妈妈不会再带着她去找爸爸了。许多个夜晚，她从睡梦中醒来，发现爸爸妈妈都不在家。孤独、寂寞、被抛弃的感觉让她觉得窒息、恐惧。除了这些印象深刻的慌乱和恐惧，她还清楚地记得，伴随着她一起长大的是爸爸的各种绯闻。身边那些大人嘲笑的表情、奇怪的眼神，深深刺痛了她的内心。所以，她从很小的时候，就拒绝爸爸的碰触，哪怕只是摸摸头这样的爱抚。

爸爸的这种形象使王萌萌在长大后开始抵触、怀疑所有男人。她不知道那个口口声声说爱她的男人，会不会像爸爸一样在某个她看不见的地方和别的女人约会。这种抵触、怀疑、不安，使她没办法和任何一个男人和睦地相处。

张琳、王萌萌并不是个例，她就是生活中的你我他，被父母留在心中的形象影响一生。尤其是那些在品格、道德、行为上有所缺失的父母，很有可能因为自己的这些形象毁掉孩子一生的幸福。同样，父母品德高尚、言行一致的形象，会成就孩子的一生。因此，父母如果希望培养出人见人爱、厚德高效的孩子，首先必须在孩子心中树立一个厚德高效的形象，成为孩子的榜样。

好品德是给孩子最珍贵的礼物

父母是孩子的第一任老师，家庭是孩子的第一所学校。从孩子呱呱落地那一刻起，父母陪伴他们的每一刻都成为他们学习、模仿的关键时刻。父母的一言一行都在潜移默化地影响着孩子的成长。所以，古语有云：龙生龙，凤生凤，老鼠的儿子会打洞。孩子成长过程中，所养成的思维习惯、脾气秉性、心理品质等各方面都会被打上父母的“烙印”，即使成人之后想要有所改变也会很难。

在中国，孩子是父母情感、希望的寄托。绝大多数父母对孩子都抱着“望子成龙”“望女成凤”的殷切期望，并且希望孩子能够按照自己的期待去成长、发展。为此，他们拼命工作、努力赚钱，恨不得把世界上最好的教育、最优质的玩具、最好吃的食物、最华丽的衣服都给孩子。然而，他们往往忽视对孩子品德的教育。不仅如此，他们在自身品德修养上也不怎么注意——开车带孩子出去旅游，却因为堵车就絮絮叨叨骂个不休，抱怨道路不够宽敞、抱怨前面的司机技术不好；带孩子去吃饭，对服务员吆来喝去，只因一点小过错就大声责骂；从来不带孩子回爷爷奶奶家，也从来不关心老人的生活……这样的父母，即使教出一个成绩优异、考上名牌大学的“天之骄子”，恐怕孩子也难成栋梁之才。

相反，那些对自身严格要求，一言一行都注意品德修养的父母，即使不刻意强调品德修养的重要性，往往也会教出一个有礼有节、品德高尚的孩子。品德修养在人的一生中起着非常重要的作用。良好的品德修养会让孩子从小就树立远大的理想，拥有健康的兴趣爱好、有涵养的品格个性。在与他人相处的过程中，他们会懂得诚信与尊重；在遭遇困难挫折时，他们能够有积极的进取心和坚强的毅力；在情感面前，他们懂得自尊、自爱，同时懂得如何爱他人……而这些，不仅会影响一个人的人生成就，还会影响一个人对幸福的感知和获取。

因此，我们说，好品德是父母给孩子最珍贵的礼物。这份礼物远比花不完的金钱对孩子的成长更加重要，也比在学校学习的知识、技能对孩子的人生影响更大。然而，好品德并不像金钱、美食、玩具那样可以直接送给孩子，也并不像知识、技能那样通过学习、训练就可以获得。要培养孩子的好品德，父母必须以厚德高效严格要求自己，并且表现在一言一行之中。

9月开学季，本来是家长、孩子最忙碌的时候。网上却爆出了一则“家长因孩子学号不好骂老师”的新闻。孩子刚上幼儿园，家长却因为孩子的学号是14号而在幼儿园家长微信群里用英文单词辱骂老师。老师先是解释排号是幼儿园财务人员随机排的，自己无法更改，进而又解释说“从幼儿园到小学、初中、高中、大学都有14号，没有哪个学校会忌讳14而取消这个数字”，可谓是有理有据。这个家长却不依不饶，不仅不理会老师的解释，还声称“我认为14应该取消”。对于其他家长的劝解，这个家长反而说“你们都拿到好号了，是吧”“非常生气”等。这样的父母，只是因为一个自认为“不吉利”的学号就公开责骂老师、攻击其他家长，又能教出什么样的孩子呢？他的这种言行、思想、品德恐怕远比一个数字对孩子的人生影响更大。

中国自古就是文明古国、礼仪之邦，尊师重道是传统美德。在传统文化中，拜师是一件非常隆重的事——不仅要正衣冠，还要净手净心。而父母对孩子的老师更是礼遇有加，真心尊重。所谓“一日为师，终身为父”，传统的师徒关系仅次于父子关系。在现代，即使我们做不到像古代那样隆重拜师，也应该教孩子学会“尊师重道”。而我们在言行之中对老师的尊重，就是对孩子最好的教育。

父母在品德上的思想、言行就像水滴石穿一样影响着孩子的品德养成。如果父母希望自己的孩子成为一个怎样的人，那么他们自己首先就必须成为那样的人，为孩子树立一个好榜样。

我有一个朋友，从小就受到父母的影响，说话喜欢带脏字。虽然他知道这是极不好的行为，但依然无法下定决心改掉。直到他的儿子学会说的第一个字居然是他经常挂在嘴边的那个脏字，他感到无比痛心，并且当即发誓自己一定要改掉这个毛病，绝不让自己的孩子再成为一个说话粗俗、不讨人喜欢的人。在那之后，他即使在酒醉之后，也会咬紧牙关，不让自己的语言再粗俗不堪。

在品德、言行方面，孩子就是父母的镜子。很多你从未意识到的一些坏习惯都会折射到孩子的身上。由于孩子的世界观、人生观、价值观尚未形成，而父母是他们最信赖的人，他们会对父母的一切都毫不保留地进行模仿。甚至是某些不道德的言行，也会成为他们的模仿对象，而且孩子不会认为这是不好的。所以，千万不要忽视父母对孩子的影响力。如果你的孩子没有成长为一个品德优良的栋梁，甚至长大后变坏，都是因为你对自己的品德、言行没有严格要求。你对他人的尊重，对事业的热爱，对梦想的坚持，对挫折的乐观，对父母的孝顺……都会成为你送给孩子的最珍贵的礼物——让孩子成为一个品德优秀的人。

保持正确的“三观”见识

“听过很多道理，依然过不好这一生。”这句话曾风靡网络，只因为它道出了许多人的心声。事实上，“很多道理”中绝大部分都来源于父母。父母的道理几乎从每个孩子出生那一刻起就开始伴随其左右——3个月大的孩子开始吮吸手指，借此了解这个对他来说完全陌生的世界，但父母却不断地提醒他：“不要吃手，不卫生。”3岁的孩子刚上幼儿园，就被告知：“好好学习，听老师的话。”7岁的孩子第一次走进小学，父母就开始叮嘱：“见到老师要问好，做个有礼貌的好孩子。”18岁的孩子考上大学，第一次离家，父母告诉他：“出门在外，少惹是非。”28岁的孩子还没谈对象，父母不断地提醒：“男大当婚，女大当嫁。先成家，后立业。”每个父母教给孩子的道理都不相同，但其中都隐含着父母的“三观”：

※ 世界观：如何看待这个世界？如何和这个世界相处？

※ 人生观：人为什么活着？应该以什么样的态度对待生活和人生？

※ 价值观：什么是对，什么是错？人应该怎么活才算是有价值、有意义的？

“三观”正确是一个人做人做事的基础，决定了一个人所能取得的成就以及对幸福的认知。父母保持正确的“三观”，是家庭教育的根本。“三观”不正的父母，必然难以教育出一个“三观”正确、了解人生真正意义和价值、拥有感知幸福的能力的孩子。比如，一个将“金钱”作为人生首要意义的父母，必然将“追求金钱”作为人生最重要的道理教给孩子。这样的孩子长大之后，会为了获得金钱不择手段，甚至触犯法律而不自知。

2014年，原国家发展改革委副主任、原国家能源局局长刘铁男受贿一案震惊全国。在这个案件中，最让人感慨的是刘铁男的儿子刘德成居然收受了97%的贿金。人们在感叹刘德成实力“坑爹”的同时，不得不感叹刘铁男的“三观”对刘德成的教育影响。刘德成曾扬言，老爸的官做得越大自己收的钱就会越多。如果没有刘铁男扭曲的“三观”影响，没有刘铁男的“言传身教”，刘德成绝对不可能有这样的“见识”。

在刘德成之前，早在2010年就有了火爆网络的“我爸是李刚”事件。李启铭在撞人之后不仅没有一丝懊恼、同情，反而扬言“有本事你们告去，我爸是李刚”。尽管事后，李刚在接受央视采访时，向受害人及家属诚恳道歉，甚至“多次哽咽，不能自已”。但这样的结果无疑是父母的“三观”不正确导致的教育失败。

父母是孩子“三观”的启蒙者。然而，在中国，绝大多数的父母都只关注孩子的学习成绩，却很少去关注孩子对世界、社会、人生价值的认知。与此同时，是父母自己的“三观”在不知不觉中对孩子“言传身教”。在这种情况下，如果父母“三观”不正，很容易就会把孩子引向歧途。这样的孩子即使成绩优异、才华斐然，也难以取得傲人的成就，甚至越是优秀的人才对社会的潜在危害越大。

忽视对孩子“三观”的教育已经成为普遍性的问题。而背后更大的问题，是许多父母根本没有正确的“三观”，他们甚至对人对事没有自己的信仰和主见，往往都是道听途说，人云亦云。正确的“三观”首先是有是非、有底线的。一个“三观”正确的人判断做不做一件事的标准，不是做这件事会带来什么，而是因为这件事是正确的、必须做的。他们有自己的原则和底线，不妥协，不盲从。

如果将“三观”放到我们具体的生活中去看，实际上就是指一个人对人生的认知和态度。简单地说，就是“你到底需要一个什么样的人生”。比如，有的人希望成为一个有能力的人，将实现个人价值作为人生的终极追求，这种追求和金钱、物质无关；而有的人则希望成为一个有钱人，他们判断人生价值的标准就是拥有多少钱，决定是否做一件事的标准就是能获得多少钱……当然，每个人都有自己的活法和追求，我们不能说“为金钱而活”就是错的，关键在于“你如何去获得金钱”。当你坚持靠自己的双手去努力拼搏而获得金钱，并且始终坚守这个底线，它就是正确的；而当你通过欺骗、敲诈获得金钱，甚至没有任何底线，只要给钱什么都可以做，你的“三观”就是不正确的。

由此可见，树立正确“三观”的首要条件是设定自己的道德底线，为你的人生划定一个是非界限，明确什么必须做，什么该做，什么不该做。那么，如何设定这样一个道德底线呢？世界上那么多观点、那么多道理，该相信谁呢？

1. 要有一个信仰

信仰是一个人的精气神儿，使你对生活充满激情；是一种道德底线，使你在物欲横流的世界中，坚守原则和立场而不迷失；是一种人生追求，使你在千难万险中依然自信、热情，而不懈怠、气馁。

著名作家梁晓声曾经讲过这样一段自己的亲身经历：他在美国时，有一次过马路遇到红灯，但路上并没有汽车。他发现身边的一个老太太安静地站在那里等绿灯，他就问老太太，路上并没有汽车通过，为什么不走过去？老太太回答说，也许我们身后某一个窗前正站着一个孩子看街景。如果他发现我们不遵守交通规则，红灯亮的情况下还走过去，他以后就会像我们这样横穿马路，也许就会因此出事。

正是心中怀有信仰，坚信自己的行为会在无形中影响到别人，老太太才会坚守交通规则。人有了信仰，就有了精神力量，就有了做人做事的原则和底线。无论你信仰什么，都值得尊重，但你一定要真正地信仰，而不是今天信这个，明天信那个。当然，作为中国人，社会主义核心价值观（富强、民主、文明、和谐，自由、平等、公正、法治，爱国、敬业、诚信、友善）是每一个人的信仰，也是每一个做人做事的道德底线。

2. 多读经典书，多去看世界

一个人"三观"的广度和深度决定了其人生的高度。一个经常阅读各类经典书籍、去世界各地游览的人，不仅拥有丰富的知识面，同时思维也被打开，拥有开阔的眼界。他们不会被某一种观点牵引，更不会因为某一处风景而驻足，他们对人对事都有自己的主张和看法，而且不受他人的影响。因此，他们所建立的"三观"会相对更加全面、立体、真实。

总之，道理不是讲出来的。如果不想让你的孩子像今天的你一样，感叹"听过很多道理，依然过不好这一生"，自己就先树立正确的"三观"，在一言一行中影响孩子的"三观"，让孩子懂得真正能够过好人生的道理。

不一定才华横溢，但热爱工作

在孩子眼中，父母不需成为比尔·盖茨、乔布斯那样影响世界的人，也不必像徐志摩、齐白石那样才华横溢。孩子需要的是父母全身心投入到工作和生活中的热情所传递给他们的正能量。

许多父母说自己的孩子缺乏学习热情，在学习上遇到一点困难、挫折就不停地抱怨，甚至想要放弃。这些父母却从未想过，自己在对待工作、生活时，是否始终保持一种积极的态度？不热爱工作，整天抱怨工作太麻烦、生活太艰难的父母，只会传递给孩子一些消极的负能量，使孩子也变得抱怨、消极，甚至对一切都失去信心和热情，包括学习。孩子在父母的影响下，会觉得自己学得再好也是没用的，将来工作了以后依然会遇到很多困难、挫折，依然过得不开心，既然如此，不如把学习的时间用来做让自己开心的事。这样的想法使孩子对学习毫无热情，却专注于玩乐。相反，一个热爱工作，积极应对工作中的困难，并为自己在工作中取得的成就而感到骄傲的父母，传递给孩子的是积极的正能量。在这样的父母的影响下，孩子也会对生活、学习充满信心和热情。

热爱是一种能够让人一往无前的力量，是让人取得伟大成就的唯一途径。

任何人，要做好一件事的前提都必须是喜欢它、热爱它。无论是父母对待工作，还是孩子对待学习，都是如此。如果父母不能使孩子有这样的认识，并且身体力行地为孩子做“热爱工作”的榜样，必然会错失使孩子“因热爱而伟大”的机会。

石油大王洛克菲勒说：“如果你视工作为一种乐趣，人生就是天堂；如果你视工作为一种义务，人生就是地狱。”如果我们把这句话放在孩子身上，就是：如果孩子视学习为一种乐趣，人生就是天堂；如果孩子视学习为一种义务，人生就是地狱。培养孩子高效学习的根本在于培养他的学习兴趣，让他爱上学习、主动学习，而不是被动学习，把学习当成是为父母、老师而学的义务。而培养孩子学习兴趣最好的途径，就是做热爱工作和生活的正能量父母。即使你没有超群的才华和过人的能力，但依然以全部的热情投入到工作中，追求一点一滴的进步和成就。

张军是一个新闻记者，写得一手好文章。每次遇到具有挑战性的采访，他都会提前做好准备工作，为此他甚至牺牲了陪伴儿子的时间。当儿子噘起小嘴抱怨爸爸“太忙”时，张军都会笑着抱起儿子，告诉他：“爸爸非常热爱自己的工作，希望能够做好每一次采访，写好每一篇文章。但是，爸爸能够做好采访，写好文章，并不是天生的，而是靠付出许多努力换来的。”虽然儿子似懂非懂，但小小的人儿从爸爸的表情和书房通宵亮着的灯，他大概明白了“努力”的意义。

随着职场竞争的激烈，原来只负责写文章的张军被要求同时拍摄照片。这是张军的短板，天生对美缺少感觉的他，虽然大学时学过新闻摄影，却从来没有拍过一张拿得出手的照片。那段时间，他感受到了前所未有的压力。但是，他并未就此放弃自己热爱的事业。他报了一个摄影班进行补习，同时，起早贪黑拿着单反走街串巷地练习拍摄。绝大多数的时候，他会带着儿子一起出去，让儿子做他的模特。为此，儿子全程体验了张军从一个连儿子身影都拍不清楚的摄影新手成长为一个连儿子每一个细微表情都能抓住的摄影高手。当他儿子看到自己在爸爸的相机下的变化时，他兴奋地欢呼：“爸爸，你真棒！”

在张军的影响下，他的儿子小小年纪就懂得了如何面对学习中的困难。有一次，他数学考试失利，没有像其他孩子那样向父母隐瞒成绩，更没有找各种借口推脱，只是告诉张军：“爸爸，数学这段时间学的东西我不太懂。但我一定会学好的。”之后，他每天会在写完作业之后，对前段时间的知识进行强化复习，不懂的就向父母、老师请教。当他拿着一张满分的数学试卷兴高采烈地出现在张军面前，大喊着“爸爸，我做到了”时，张军分明看到了儿子心中溢出来的热情。

在这个世界上，天才极少，绝大多数人都是平凡、普通的。他们会在工作、生活中遇到各种各样的困难和挫折，而应对这些困难、挫折的态度决定了一个人对幸福的感知度。如果张军面对工作中的困难选择抱怨：“我们单位的领导真是疯了！居然让我一个拿笔头的去拿相机拍照！真是受够了，不想干了。”这似乎是很多人的正常反应，但是不要想当然地认为孩子还小，听不懂你在说什么。孩子对这个世界的认知远非你能想象。即使孩子真的听不懂这些话的意思，也能从你的表情、语气中感受到烦躁、抱怨。这样的孩子长大之后，即使学习成绩很好、工作能力很强，拥有看起来很不错的工作和家庭，却因为心中缺少“热爱”而找不到人生的方向，感受不到幸福。

所以，请记住，决定孩子未来生活质量的，不是出色的学习成绩，也不是才华横溢的能力，而是发自内心的“热爱”，对工作、生活的热爱。而这一切，需要父母从孩子小的时候就“言传身教”。

追求上进，持续不断地学习

父母是孩子最好的榜样。父母积极追求上进，持续不断地学习，孩子也会受到感染而变得积极向上，热爱学习。一个安于现状，不爱学习，经常打牌赌博、吃喝玩乐的人，绝对不可能培养出一个认真努力学习的孩子。要想培养出一个厚德高效的孩子，每一个父母都应该反思：我是不是一个追求上进、热爱学习、充满正能量的父母？如果你自己就是一个对人生没有追求、事事做不好、事事不愿做的人，那你又凭什么教育孩子要追求上进呢？如果你想让孩子有上进心，在学习上有所建树，没有什么比你自己具备积极的上进心、热爱学习更有说服力了。

2005年11月，《厦门商报》曾刊登了一篇文章——《做“上进”的父母有多难》。文中提到，厦门市一所小学调查发现，孩子对于父母有多少金钱、有多高的地位并不是太看重。相反，他们最希望自己的父母能够上进，比如“多读书，懂外语”等。文章由此得出结论，做“上进”的父母竟如此简单——只要少看一点电视，少玩一点手机，少搓几盘麻将，安静地坐下来陪孩子读读书、背背单词，就是“上进”的好父母了。

虽然这则新闻已经是十多年前的了，但是，直到今天，又有多少父母真正做到了文中提到的“上进”？反而因为智能手机和移动互联网的发展，越来越多的父母时时刻刻离不开手机，更没有时间去读书、背单词了。即使是陪伴孩子学习的那一会儿时间，也不能做到专注，而是拿着手机或看电视剧，或看小说，或玩游戏，嘴上却不停地催促孩子：“快点写作业。认真点！”殊不知自己在旁边玩手机的行为对孩子造成了极大的负面影响。

每一个父母都希望自己的孩子聪明好学、积极进取，在学习上不断攀登高峰。事实上，与生俱来的好奇心使孩子天生好学，充满上进心。但是，为什么有些孩子在成长过程中渐渐没有了上进心，不再积极进取？关键就在于父母的影响。

张伟再一次被老师请到了学校，原因是孩子上课总是睡觉，作业也不能按时完成。被老师训了半小时，张伟气不打一处来。回家之后，他拎起儿子的耳朵就开始了说教：“你小子，整天就知道拿着平板电脑玩游戏，作业也不写。晚上玩游戏，白天在课堂上睡觉！你还有没有一点上进心？你就不能控制一下自己，把玩游戏的精力用到学习上吗？”

儿子听后，却没有一丝内疚，反而大声地反驳：“你还好意思说我呢！爷爷也经常告诉你不要老在外面玩麻将，有时间要多看看书，提升一下自己，在工作上多做出点成绩。但是，你呢？还不总是整宿整宿地在外面玩麻将？我可从来也没见你拿过一本书学习！”

儿子的话让张伟哑然。但他还是辩解道：“我这么大年龄了，还读什么书，学什么习？更何况我平常工作那么忙、那么辛苦，偶尔打打麻将放松一下，有什么错？”

儿子听后继续反驳道：“那我平常学习那么辛苦，偶尔玩玩游戏放松一下，有什么错？”

对于孩子来说，父母就是偶像，就是榜样。他们会对父母的行为毫不保留地模仿，无论是好的还是坏的，一律兼收并蓄。就像张伟通宵玩麻将，他的儿子会模仿他通宵玩游戏一样。没有上进心，总是玩手机的父母，孩子必然对游戏没有抗拒力；生活中懒懒散散、爱睡懒觉的父母，孩子也会跟着“葛优瘫”，坐没坐相，站没站相。

这的确是一个“拼爹”的时代。但是，拼的不是父母的财力、地位，而是父母的品德和上进心。许多父母发现，随着孩子年龄的增长，自己再也不是孩子心目中的偶像、英雄，孩子也渐渐不再尊重自己，甚至开始“嫌弃”自己。

张伟和儿子关于“玩游戏”的争论无疾而终。最后，儿子拿出一张试卷，让张伟签字。张伟为了给儿子树立榜样，工工整整地写下了自己的名字。儿子却嫌弃地说：“爸爸，你的字怎么这么幼稚？像小学生的字。”张伟不服气，拿起笔龙飞凤舞地签了一个草书，骄傲地看着儿子。儿子端详半天之后，依然嫌弃地说：“真难看。我们班李小明的爸爸，还有张佳的妈妈，名字都签得很帅！”

有多少父母曾经遭遇过被孩子这样“嫌弃”？这种“嫌弃”并不是孩子不再爱自己的父母，而是对父母缺乏上进心的嫌弃。随着孩子的成长以及对这个世界的认知，他们对父母开始有了更多的期待，他们希望父母依然是小时候的那个“无所不能”的偶像。但是，父母的不思进取，止步不前的知识水平以及安于享乐、沉迷于不良嗜好的言行，使孩子大失所望。这个时候，许多父母反而把积极上进、实现梦想的希望寄托在孩子身上，给予孩子极大的压力。父母的这种“言行不一”使孩子内心产生了极大的矛盾，他不知道怎样做才是对的，他甚至怀疑即使像父母说的那样“好好学习，天天向上”，长大后也会变成父母现在的模样。这些负面的种子由此被种在了孩子心中，父母又怎能奢望孩子能有一个美好的未来、积极进取的人生呢？

每个人都喜欢积极上进的人，孩子也一样。为人父母，少玩一点手机，多读一点书，把自己积极上进的一面展示给孩子，才能真正赢得孩子的尊重，帮助孩子树立积极的上进心。

尊重每个人的人格自由，包括孩子

尊重他人的人格自由是最重要的修养。我们且不说有多少人拥有这样的修养，只说拥有这样修养的父母有多少能够做到尊重自己孩子的人格自由。在中国，“孩子是我的，要打要骂是我的自由”“我的孩子就要听我的”……类似这样的理论构成了父母教育孩子的主要观点。因此，我们经常看到父母不分场合地“教育”孩子，却完全看不见孩子挂着泪水的脸上充满羞愧。

日本作家池田大作曾说过：“尊重孩子的人格，孩子便学会尊重他人。”同样，在瑞典首都斯德哥尔摩市普兰顿学校的校园内，镌刻着18世纪英国著名哲学家、思想家、教育家约翰·洛克的一句名言：“父母越不宣扬子女的过错，则子女对自己的名誉就越看重，因而会更小心地维护别人对自己的好评。若父母当众宣布他们的过失，使他们无地自容，他们越觉得自己的名誉已受到打击，维护自己名誉的心思也就越淡薄。”由此可见，父母在教育孩子的过程中，尊重孩子的人格自由有多么重要！

在这个世界上，每个孩子都是独立的个体，拥有独立的人格。他们既不是父母的私有财产，也不是父母的附属品，更不是父母实现梦想的工具。被称为“艺术天才”“黎巴嫩文坛骄子”的世界著名作家纪伯伦说过，孩子只是借我们的腹部来到世上，我们要做的就是把弓拉满，让箭射向远方。所以，父母给孩子最好的教育，是聆听来自孩子内心的声音，不论那个观点是否正确，都给予充分的尊重。

有些父母认为，那么小的孩子有什么人格呢？他能懂什么？事实上，孩子从一出生起，就充满了对自由的渴望。他们希望能够按照自己的意愿发出自己的声音，学习自己感兴趣的一切，探索这个世界。而不是在父母的“要求”“逼迫”之下去学习、探索。当父母当众严厉斥责孩子，甚至伸出巴掌打向孩子的时候，孩子感受到的伤害，是人格遭到了侮辱。他们会为此失去对父母的尊重和信任，甚至再也不懂得如何尊重别人，而是像父母一样用“暴力”解决问题。更有甚者，在父母的打压之下，渐渐失去了自尊，破罐子破摔，再也难有所成。

那么，在父母教育孩子过程中，有哪些行为会伤害孩子的自尊呢？

1. 居高临下，以父母的“权威”打压孩子

居高临下，几乎是中国绝大多数父母的教育姿态。他们把自己放在比孩子高一等的位置上，以一种“权威”“威严”的面孔去“教育”孩子。而孩子必须俯首帖耳，听从父母的一切安排。父母让他朝东，他绝对不能朝西；父母让他赶鸭，他绝对不能撵鸡。于是，中国的孩子听到的最多的“教育”便是：

※ “你一定要好好学习，给我考上大学。”而不是：“你未来想干什么？去追求你的梦想吧！”

※ “你必须给我上钢琴班，弹不好看我不揍你！”而不是：“如果你爱学钢琴，就要明白唯有坚持才能做成一件事。”

※ “你必须报英语专业，毕业了容易找工作。”而不是：“选择你最喜欢的专业，做你最喜欢的工作。不管那是什么，我都支持你。”

很显然，这样的“教育”背后是父母对孩子的掌控。孩子像个“机器人”一样听从父母发号施令，而不是像个“人”一样遵从自己的意愿和想法。这样“教育”出来的孩子，难以独立，永远不知道该如何为自己而活，一旦失去父母的“教育”，他们就没有了方向。同时，他们在和他人相处，包括教育自己的子女过程中，也会保持着同样居高临下的姿态，从而形成恶性循环。

父母必须彻底清除这种高高在上支配着孩子一切的错误教育理念。教育的前提是平等和尊重。在教育孩子的过程中，先听一听孩子的想法，了解孩子的意愿，进而有针对性地进行教育、辅导，反而更容易得到孩子的认同和尊重，教育效果也会更好。

2. 过分宠爱，呵护备至

这一点也是中国父母经常出现的教育误区，尤其是在“独生子女”时代更甚。这样的父母对于孩子的教育可谓是“包办一切”，不仅“饭来张口，衣来伸手”，甚至连“代写作业”的事情都有。孩子小时候永远是抱着出门，生怕孩子自己走会摔了，或者脚上沾了泥；等到孩子大一些，做什么都不放心，千叮咛万嘱咐仍嫌不够，最后还是“我来帮你做吧”。这种不敢放手的过分宠爱，使孩子失去了独立自主的机会，同时也瓜分了孩子作为一个独立人的尊严。孩子一旦离开父母的呵护，往往就不知道该怎么生活、工作，甚至认为身边所有人都“应该”对自己好，自私自利，而不懂得尊重他人。

3. 动辄打骂，不顾场合和后果

以打骂的方式“教育”孩子是中国父母最常用的手法。

我曾经见到一个爸爸因为孩子在逛超市的时候嚷着“上厕所，憋不住了”而在超市里面就对孩子又打又骂，斥责孩子“早点怎么不去”，甚至暴躁地要求孩子“憋着”。孩子被爸爸打骂得战战兢兢。我担心肾脏和膀胱发育都还不健全的孩子会“憋”出什么毛病来，于是上前劝阻，让那个爸爸带孩子去厕所。最后，他虽然带孩子走了，却依然边走边骂。

在孩子的印象中，父母是自己最亲近的人、最值得信赖的人。因此，面对父母的打骂，孩子往往会更加害怕。尤其是当父母只因为一点小事就对孩子打骂的时候，往往会使孩子失去对父母乃至对世界的信任，造成怨恨、反抗心理。

久而久之，孩子的人格就会扭曲，更别提厚德高效了。

父母对孩子的爱毋庸置疑，但请不要以爱的名义去伤害孩子的自尊。每一个父母都应该认真反思自己在对孩子的教育过程中，是否存在不尊重孩子人格自由的情况，如果存在一定要加以改正。以尊重孩子的人格自由为前提的教育，才是对孩子最好的教育。

取信于人，取信于孩子

诚信是一个人的立身之本，也是对一个人品德的基本要求。一个厚德高效的人，首先要是一个诚信的人。尤其是在信任危机时代，取信于人几乎是每一个成功者都必须掌握的生存技巧。当然，许多人都认识到"取信于人"的重要性，并且在工作和生活中不断以实际行动践行着这句话。然而，却很少有父母认识到"取信于孩子"的重要性。

绝大多数父母总认为，孩子是自己的，孩子信任父母是天经地义的。所以，他们从未真正考虑过自己在孩子那里是否诚信，是否值得信任。父母要想取信于孩子，必须做到以下几点。

1. 诺不轻许，不开空头支票

"你把饭吃完，我带你去游乐场玩""你这次考 100 分，我就给买 ×× 礼物""好，这个周末我们去郊区玩"……这些"空头支票"遍布父母和孩子相处的每时每刻。有些是为了达到某种目的而"善意地欺骗"，有些是为了应付孩子的纠缠而随口答应。总之，父母对于自己向孩子许下的这些诺言转脸就扔在脑后，成了"空头支票"，甚至从未兑现过。

事实上，对于孩子来说，父母的承诺承载着他们的期盼和希望。许下的那一刻是美好的，失信的那一刻却是残忍的。不要以为对孩子开“空头支票”就没有后果。如果你在孩子那里一再食言，那么到最后你拿什么取信于孩子，凭什么让孩子信任你、依赖你？不能取信于孩子的父母，比一个不能取信于人的普通人所造成的后果更严重。因为孩子会因为父母的失信而彻底失去对父母的信任，甚至是对世界的信任，从而造成难以补救的伤害。

作为父母，更要恪守“诺不轻许”的原则，如果不能做到就不要轻易向孩子许诺。一旦答应孩子，就要“言必行，行必果”。这一点，曾子做得非常好。

曾子是孔子的得意门生，被儒家尊为“宗圣”。

有一天，曾子的妻子要去集市上买菜，儿子哭闹着要和妈妈一起去。曾子的妻子为了不让儿子哭闹，就哄儿子说：“你乖乖在家等妈妈。我回来的时候杀猪炒肉给你吃。”曾子的儿子一听有肉吃，就不再哭闹，乖乖地留在家中等妈妈。

等到曾子的妻子从集市上买菜回来，看见曾子已经把猪捆住，准备杀猪。她一见，连忙去拦着自己的丈夫：“我刚才只是哄孩子玩的，并不是真的要杀猪。你怎么当真了？”曾子却并没有停止杀猪的动作，同时和妻子说道：“孩子是不能欺骗的。孩子现在还小，什么都不懂，他只会学着父母的样子做人做事。今天你跟孩子说杀猪炒肉给他吃，最后却没有做，就等于在教他说假话。他以后就会以同样的方式欺骗别人。再说，如果你光说不做，欺骗孩子，孩子就会觉得妈妈的话不可信，以后你再和孩子说什么，他就不会相信了。你要想再教育他就难了。所以，你说这猪该杀不该杀？”

曾子的妻子听了丈夫一席话，羞愧不已，后悔自己不该随便许诺孩子，更不该欺骗孩子。于是，她也不再拦着曾子杀猪。等到曾子把猪杀好之后，她为儿子炒了一锅香喷喷的猪肉。吃完饭，儿子从枕头下拿起一把竹筒就往外跑。曾子追着他问：“干什么去？”儿子说：“这是我从朋友那儿借来的竹筒，约定好今天要还给他的，不能言而无信啊！”

俗话说，一诺千金。父母对孩子的承诺要比千金还贵重。就像曾子说的，如果父母对孩子轻许诺言，开“空头支票”，不仅会使孩子养成爱说谎骗人的坏毛病，还会使孩子对父母失去信任，从而使父母在以后对孩子的教育中困难重重。

2. 必要许诺，但要言行一致

如果父母因为担心失信而不敢向孩子许任何承诺，同样是一大误区。比如，孩子说：“妈妈，如果我这次考了100分，你带我出去玩吧。”你却回答：“到时候再看吧，我不一定有时间。”孩子听了之后一定非常失望。这样的情况出现一两次还行，一旦反复出现，甚至父母对于孩子提出的要求没有一次答应，同样会使孩子失去对父母的信任和期待。所以，为了激励孩子上进，父母适当地给予孩子一些许诺还是有必要的。

当前，对于必要许诺，一定要言行一致。有些父母为了表现开明，总是和孩子强调说：“你有什么要求尽管提。”但实际上，却言行不一致。孩子想去游乐园玩的话还没说完，就被妈妈打断：“不行，妈妈这周末要加班，没时间。”孩子刚提到说要买玩具汽车，就听到爸爸一声训斥：“不行，家里那么多玩具汽车还不够你玩的吗？”这样言行不一致的沟通方式，同样难以使父母取信于孩子。同时，还会给孩子做一个错误的表率，使孩子以后对自己的言语不够慎重，总是出尔反尔。

当然，作为父母，难免会出现许下的承诺难以兑现的情况。比如，答应孩子放假的时候带他去博物馆，结果公司临时有事要加班，去不了。这种情况在现实中非常常见，是不是就意味着父母难以做到取信于孩子呢？事实上，父母在孩子心目中威信的建立，并不是父母总是正确或者总是言而有信，而是父母能够实事求是，严于律己。当父母不能兑现诺言的时候，能够将事实告知孩子，真诚地向孩子道歉，并和孩子重新约定，不但不会有损父母在孩子心目中的威信，反而有利于父母取信于孩子。当孩子感到父母言行一致、严于律己的时候，会产生由衷的敬意，从而更加信赖、尊重父母。

父母关系和睦，家和万事兴

曾经有一篇名为《世界上最好的家，就是爸爸爱妈妈》的文章刷爆朋友圈，打动了无数父母、孩子的内心。这篇文章以漫画的形式讲述了以下观点：

爸爸们总想给孩子最好的，可什么才是最好的呢？不是高档玩具，不是漂亮衣服，也不是美味食物……而是爱他的妈妈。

生活在丈夫的爱中，会使女人散发出幸福的光芒，照耀在身边人（也就是孩子）的心上。

世界上最好的家，就是爸爸爱妈妈，妈妈爱我，我爱爸爸妈妈。

父母相爱，关系和睦，会给孩子极大的安全感，使孩子在享受被爱的同时学会爱与责任。我们经常在生活中见到这样的场景：当爸爸和妈妈幸福相拥时，孩子会笑嘻嘻地凑过去，和爸爸妈妈抱在一起，然后笑得一脸幸福。而当爸爸和妈妈关系破裂、大吵大闹时，孩子往往瑟瑟发抖地躲在一边，偷偷地哭泣。

对于孩子来说，爸爸妈妈是他在这个世界上最亲近的人，是他的全部依靠。他们不希望失去爸爸妈妈中的任何一个。当父母争吵时，紧张的气氛会使孩子陷入“被抛弃”和“失去妈妈或者爸爸”的恐惧中。甚至，孩子会将父母争吵的原因归结到自己身上，于是，小心翼翼地讨好父母，希望父母能够重修旧好。孩子的心理和行为模式，就这样在不知不觉中发生了改变，朝着没有安全感、内向、胆小、冷漠、渴望拥有爱又害怕爱的方向发展。

许多父母为了给孩子创造好的物质条件和教育环境，努力打拼，却从未真正了解孩子到底需要什么。还有的父母以为，只要爸爸和妈妈都爱孩子就行了，不必考虑爸爸妈妈的关系对孩子是否有影响。结果是：爸爸、妈妈和孩子在一起时都充满疼爱和快乐，而当夫妻俩在一起时却是横眉冷对，毫无爱意可言。父母以为孩子什么都不懂，父母之间关系的变化不会对孩子造成什么影响，殊不知，孩子早已感受到了父母之间的冷漠和敌对，甚至为此陷入深深的担忧与恐惧之中。

7 岁的彤彤是令同龄人羡慕的对象。她总是穿得很漂亮，有很多新奇、好玩的玩具。她的妈妈气质出众，她的爸爸高大帅气。她经常说，妈妈周末带她去哪儿玩了，爸爸假期带她去哪儿旅行了。但是，同学们却从未见过彤彤的爸爸妈妈一起出现在学校里，更没有听彤彤提起过爸爸妈妈一起带她去哪儿玩。慢慢地，同学们知道了，彤彤的爸爸妈妈在她 3 岁的时候就离婚了，彤彤现在和妈妈生活在一起，只有假期的时候才能偶尔见到爸爸。虽然爸爸妈妈都很爱彤彤，都尽自己最大的努力给彤彤最好的一切，但彤彤依然觉得“自己是世界上最不幸的孩子”。

对于孩子来说，漂亮的衣服、新奇的玩具、有趣的旅行、优质的教育都不能给他带来真正的安全感和幸福感。爸爸妈妈的分离，给彤彤幼小的心灵造成了难以修复的伤害。没有爸爸爱妈妈的家是不完整的，在这样的家中生活的自己是“世界上最不幸的孩子”。这就是孩子的认知。

所以说，父母相爱，是给孩子最好的爱和教育。父母关系和睦的家庭，能给孩子创造最好的原生家庭环境。在爱中长大的孩子性格会比较开朗、平和，同时也会对性别有更清晰、明确的认知，对婚姻产生美好的感觉和向往。然而，美好的婚姻是需要经营的，和睦的关系需要夫妻双方共同维持。为了给孩子创造最好的家庭环境，父母在日常相处中应该注意以下两点。

1. 父母尽可能不在孩子面前吵架

许多父母认为孩子还小，什么都不懂，于是在夫妻之间出现矛盾的时候，不管孩子在不在跟前，就大吵大闹，甚至大打出手。父母的争吵不仅会对孩子的心灵造成伤害，还会使孩子的情绪变得急躁，甚至学着父母的语气大喊大叫，以此发泄情绪。如果父母经常在孩子面前吵架，会使孩子特别没有安全感，对父母、家庭甚至是婚姻都缺乏信任。

当然，夫妻之间相处难免会出现一些矛盾。这个时候，应该采取更为平和的处理方式，比如，通过沟通、交流化解矛盾。即使有时难以抑制情绪，出现过激的言行，也要注意尽可能不在孩子面前吵架，以免给孩子造成负面影响。

2. 帮助对方在孩子心中塑造良好的形象

千万不要让孩子陷入“爱爸爸还是爱妈妈”“选爸爸还是选妈妈”这样的两难境地。对于孩子来说，爸爸和妈妈一样重要，缺一不可。这种刻意将爸爸妈妈分开的说法、问题，会使孩子心中产生疑虑，害怕因此失去爸爸或妈妈。最好的做法应该是将“爸爸妈妈”统一。在和孩子沟通的过程中，经常使用“爸爸妈妈都很爱你”“爸爸妈妈觉得你很棒”“爸爸妈妈陪你一起过周末”等语句。

此外，有些父母无意识地在孩子面前诋毁对方的形象。比如，妈妈和孩子抱怨“爸爸不在家、不关心我们”，就会使爸爸的形象在孩子心中大打折扣，让孩子觉得“爸爸不爱我”，进而对爸爸产生抵触情绪。但是，孩子却并不会因此更爱妈妈。所以，在孩子面前诋毁对方的形象绝对是一件吃力不讨好的事情。如果真的为孩子考虑，不妨帮助对方在孩子心中塑造一个好形象：“爸爸为了我们的幸福，在外面努力工作，非常辛苦。我们给爸爸一个赞，好不好？”

总之，对孩子最好的养育不在于为孩子提供多么好的物质条件，也不在于让孩子接受多么优质的教育，而是为孩子提供一个充满爱和幸福的家。父母关系和睦，就是给孩子最大的安全感。你为孩子买下全世界，也不如你拥着爱人，爱人拥着孩子，然后你们告诉孩子："我们彼此相爱，并且，我们都很爱你。"

第二章

教出厚德高效孩子的七大原则

父母想要教出厚德高效的孩子，必须坚守七大原则：帮孩子建立该有的品德和价值观；厚德高效训练，要循序渐进；在日常活动中对孩子进行训练；“限制”与“肯定”，要两面兼顾；不仅教导“如何”，更要教导“为何”；父母的榜样作用重于一切；有态度：尊重与支持，肯定与鼓励。这七大原则虽然并非缺一不可，却也是父母想要教出厚德高效孩子的必备原则。其中，“父母的榜样作用重于一切”可谓是最核心的原则，而“有态度：尊重与支持，肯定与鼓励”则是最重要的原则，需要父母在教导孩子的过程中重点关注。

帮孩子建立该有的品德和价值观

父母培养厚德高效孩子的第一个原则是：帮孩子建立该有的品德和价值观。

道德品质和价值观能够反映一个人的行为和心理倾向，对孩子的一生具有决定作用，决定着孩子将来会如何做人、做事，成长为一个什么样的人。帮孩子建立该有的品德和价值观，是父母培养孩子的首要任务。对于孩子来说，优异的成绩、出色的能力固然重要，但相对来说，良好的品德和正确的价值观，才是能够确保其拥有快乐、幸福的根本。

那么，对于孩子来说，什么样的品德和价值观才是他们应该有的，是父母应该重点帮助他们建立的呢？从厚德高效的角度来说，应该包含以下几点。

1. 快乐

在这个连孩子都被压力压得喘不过气的时代，“快乐”几乎已经成为孩子的奢望、父母的希望。按道理来说，孩子的世界是最容易获得快乐的。但是，在“拼孩”的竞争环境中，许多父母尽管嘴上说希望孩子快乐成长就好，却依然难以逃避对孩子提出各种要求并严加管束，大大限制了孩子的快乐。在父母的这种影响下，孩子也会忽视快乐在人生中的重要意义。

将“快乐”作为人生重要价值观的孩子，往往拥有高尚而杰出的品质，他们比那些忽视快乐的孩子更加热爱生命，也更容易取得成功、感受幸福。但是，父母到底该如何做才能帮助孩子享受快乐并认识到快乐的真谛呢？

有些将“快乐”作为对孩子人生最大期望的父母认为，“不给孩子压力”，孩子就会快乐。让孩子享受充分的自由，自然是使孩子享受更多快乐的重要条件。但如果过分放纵，完全撒手不管，就又走向了另一个极端。孩子会因为缺少父母辅导、管教而认为，只要自己开心，做什么都是可以的，从而形成“享乐主义”这种扭曲的价值观。

在孩子未来漫长的人生中，“一时之快”仅仅是最低层次的快乐，真正的快乐是有能力实现个人价值所收获的来自家庭、事业、爱情、兴趣、生命意义以及自我实现层面的快乐。一个人在这些方面获得的满足感越多，越能够体会到快乐。这才是快乐的真谛。因此，在培养孩子努力追求快乐的价值观层面，父母不仅要让孩子享受自由成长带来的快乐，尽可能地保护孩子的童真，还要对孩子进行积极的引导，让他知道什么才是真正的快乐。

2. 感恩

胸怀感恩的人，是一个有智慧、有包容、有底线的人。他们在感恩他人的同时，也收获了良好的人际关系，从而搭起最坚固的成长阶梯。同时，在面对人生的逆境和苦难时，他们能够心怀包容、珍惜拥有，以不忘初心的姿态坚强而勇敢地前行。然而，随着社会的变迁，孩子逐渐成为一个家庭的中心，他们从小到大都享受着来自祖辈以及父母的宠爱，并把这一切都当作理所当然。这样的孩子往往对父母的生养之恩都不知道感激，而只是一味地索取，又怎么能指望他会对他人、社会心存感恩呢？

从某种意义上来说，不懂感恩、不会感恩的孩子无论长大后在学业、事业上取得怎样出色的成就，都难以成为真正意义上的成功者。没有人会愿意和一个不知感恩的人在一起，更不可能在他需要帮助的时候提供援手。在这个世界上，没有人能够不依靠他人的帮助独自一人获得成功。所以，父母如果想把孩子培养成一个有所作为的成功者，就必须培养他们的感恩之心。比如，经常给孩子讲一些知恩报恩的小故事，在节日的时候提醒孩子为家人送上祝福，等等。

3. 正直

很多人仅仅知道“正直”是人生中最重要的品德，却并不了解“正直”的真正内涵。在《现代汉语词典》（第 6 版）中，对“正直”的解释是这样的：公正坦率。从这样一个解释中我们可以读出“正直”背后的更多内涵：坚持正义、敢作敢为、言行一致、公正无私……因此，一个正直的人必然有着坚定的信念，并且有勇气、有能力去坚守信念，坚持自己认为是正确的东西，并公开反对自己认为是错误的东西。这样的人才能活得坦然而从容，才能收获真正的人脉，才能赢得坚固的成功。

正直是对厚德高效最核心的解读，每一个正直的孩子都必然是厚德高效的。父母对孩子正直品格的培养是对孩子教养过程中最有价值、最重要的一件事。有些父母认为，孩子还小，根本不懂什么叫正直，怎么培养？事实上，即使是 1 岁多的孩子也能够从模仿父母的言行中潜移默化地形成一定的品格。因此，培养孩子正直品格最好的方式就是言传身教，父母首先要在自己的一言一行中践行“正直”的品格，对孩子进行熏陶。同时，在教导孩子的过程中，要不断强调“正直”的内涵和意义，培养孩子成为一个正直的人的信念。

4. 诚实

培养孩子诚实的品德对孩子的人生至关重要。为人诚实会使孩子在成长过程中受到别人的欢迎、信任和尊重，从而赢得良好的人脉关系。无论对孩子的身心健康还是成长发展来说，诚实都是非常重要的品德。

在中国，几乎每个孩子小时候都曾听过“狼来了”的故事，但却没有一个孩子能够做到不撒谎。撒谎是人的天性，因为人天生会在一些不愿面对、承认的事实面前胆怯，从而选择逃避。尤其是对于尚不具备承担一些责任的能力时，如果父母过多地强调责任，反而会使他们选择撒谎来逃避。还有一些父母在孩子面前经常说谎，言传身教，使孩子完全意识不到撒谎是错误的行为，同时也不知道诚实的重要性。

因此，要培养孩子的诚实品德，首先要不断地强化孩子的诚实意识，同时要以身作则，从点滴的小事做起，为孩子做诚实的榜样。最重要的是，在和孩子沟通的时候，尽可能地扫除导致孩子撒谎的因素，比如当孩子犯错的时候，不是指责或者强调责任，而是引导孩子承认错误并勇于改正。

5. 勇敢

勇敢是人生不可缺少的品德。没有勇敢，孩子就不可能做到正直、诚实，也难以拥有快乐和感恩。人生处处充满挑战、困难和挫折，唯有勇敢面对和承受的人，才能战胜一切走向成功。然而，许多家长却因为不忍心让孩子吃苦受罪，忽略了培养孩子勇敢品德的重要性。当父母为孩子的成长扫清一切障碍，当孩子一帆风顺地长大，到了需要孩子自己承担责任的时候，他们往往表现得畏缩、胆怯，尤其是面对人生中的重大变故、危机时，他们更是不知所措、难以承受。

每一个父母都应该清醒地认识到，你不可能庇护孩子的一生，所以，无论是男孩还是女孩，都应该拥有一颗勇敢的心，坚强地直面人生。为此，父母在教养孩子过程中，不仅不要为孩子扫除客观存在的一些障碍，还应该有意识地为孩子设置一些困难，并鼓励他们自己想办法去克服，培养他们的勇气和信心。勇敢的孩子将来才能成为生活的强者。

总之，一个孩子拥有良好的品德和正确的价值观，才能在任何处境之下都保持一个积极向上的精神面貌，才能为其在未来的成长中打下一个坚实的基础。而那些没能从小建立良好品德和正确价值观的孩子，很容易在成长过程中受到不良环境的影响而变坏，甚至可能走上违法犯罪的道路。出现这种结果的可能性并不会因为孩子的成绩优异、能力出色而降低。成长中的孩子道德品德和价值观还没定型，父母应该从孩子婴幼儿时期就将帮孩子建立该有的品德和价值观作为首要关注点，尽可能地减少不良环境对孩子道德品质和价值观的影响，使孩子能够成长为一个厚德高效、热爱生活的人。

厚德高效训练，要循序渐进

父母培养厚德高效孩子的第二个原则是：循序渐进。

品德培养是一个漫长的过程。每个孩子刚出生的时候都是一张白纸，既没有坏的思想，也不具备良好的品德。要想在这张白纸上浓墨重彩地写下“厚德高效”，需要一个循序渐进的过程，切不可急于求成。比如，有些父母面对孩子第一次撒谎就严厉地指责，甚至当众严厉地训斥、打骂，结果对孩子的自尊心造成了极大的伤害。这样不但不能使孩子认识到“诚实”的重要性，反而会对孩子的性格造成不好的影响。对孩子进行厚德高效的培养，需要在一点一滴中长期地、循序渐进地训练。

1. 父母要保持足够的耐心

孩子的成长和改变都是一个过程。对于孩子来说，即使他了解到某些行为是不对的，并且下定决心改正，但依然会有管不住自己的时候。这个时候就需要父母有足够的耐心，以一颗平和之心接受孩子的错误，而不是一发现问题就严厉责骂孩子，甚至用负面语言反复强调孩子的错误。比如“你就是这样不听话，跟你说撒谎是不对的，你还是撒谎。我看你长大了就是个诈骗犯”。这样的语言和态度不但会造成孩子的反感和对立，还有可能把孩子朝相反的方向引导——我就是像妈妈说的那样（不听话，撒谎，诈骗犯）。这样一来，反而是前功尽弃。

除此之外，常常还会有这样的父母，他们希望每一次的教导都会在孩子身上看到收获。比如，刚给孩子讲了一个勇敢战胜困难的故事，就希望孩子变得勇敢。这个时候，如果孩子表现出怕黑、怕毛毛虫，就会遭到父母的嫌弃、鄙视——不是刚跟你说要勇敢吗？一只毛毛虫就怕成这样！父母一定要明确，孩子要改掉坏毛病，建立良好的品德习惯，是一个渐变的过程，他需要足够的时间和机会，而你需要足够的耐心和宽容。

2. 恩威并施，赏罚分明

父母教育孩子一定要建立明确的规则，并且赏罚分明。让孩子从父母的态度和言行中直观感受到“什么该做，什么不该做”，形成明确的是非观。经过一段时间之后，这些观点就会在孩子脑海中扎根，进而成为他的行为准则，养成习惯，形成自律。也就是说，在培养孩子厚德高效之前，必须给他划定一个界限，立个规矩。

当然，并不是定了规矩，孩子就会自觉地遵守。对于天生爱探索的孩子来说，他绝对不会因为父母说“小孩子不可以撒谎”就不撒谎。所以，要想让孩子真正转变成人见人爱、厚德高效的孩子，还需要父母平时耐心教导，赏罚分明。当孩子表现好的时候，父母应该及时、恰当地给孩子一些表扬和鼓励，让孩子知道这样做是对的，并坚持下去；当孩子犯错的时候，父母也应该及时给予批评和惩罚，让孩子及早认识到自己的错误，并引以为戒。

需要注意的是，父母在对孩子进行表扬、奖励的时候，一定要重行为、过程，而不只是重结果。比如，孩子按时完成作业的时候，要对孩子在做作业过程中认真、仔细、高效的态度和行为进行表扬、奖励，而不只是因为“完成作业”这个结果。只关注结果的奖励反而会使孩子产生不好的意识——“只要做完作业就可以了，做的效率、质量如何就不管了，反正是做完了”。

在对孩子奖励的方式上，要多采用精神奖励，而不是买礼物、给零花钱这样的物质奖励。物质奖励容易让孩子形成一种“金钱至上”的错误价值观。相比较来说，带孩子看一场电影、陪孩子做一场游戏、全家一起来一场亲子游等精神奖励的方式，更能让孩子把奖励转化成内在的动力，同时还能够使孩子收获不一样的体验。当然，不断改变奖励形式也非常重要，即使是成人对于千篇一律的奖励方式也会产生审美疲劳，更何况是天性好奇的孩子。形式多样、新鲜有趣的奖励，是孩子追求进步的最大动力。

而在惩罚方面，绝对不是打骂、体罚那样简单，一定要讲究方式方法。父母一定要明确惩罚孩子的目的是什么，要通过惩罚让孩子明白一些道理，纠正孩子在行为、思想上的一些错误，而不是为了惩罚而惩罚。比如，在古代孩子出现不守规矩的行为时，往往就会被惩罚抄写《弟子规》，这就是很好的惩罚方式。而现在很多父母常常因为一点小事就严厉惩罚孩子，甚至抓着孩子的小辫子不放，没完没了地批评，对孩子造成了极大的打击和伤害，反而没起到教育的效果。

还有一些父母对孩子过于溺爱，即使孩子做错了事也不忍心惩罚、批评孩子，甚至用一些借口为孩子开脱。比如，孩子因为贪玩没有完成作业，父母却给老师打电话“解释”说，因为 ×× 事情耽误时间太晚了，作业就没做。孩子会把父母的“解释”当成理所当然的借口，以后就会认为只要有“理由”没完成作业也是可以的。要想培养厚德高效的孩子，就要让孩子接受做错事情的后果，让孩子认识到“错就是错，错了就要受罚，无论是因为什么”。只有让孩子自己面对和承担做错的后果，才能使孩子真正意识到错误，并建立起责任感。

当然，无论奖励还是惩罚，都只是辅助教育孩子的手段，而不是目的。最终的目标是让孩子养成厚德高效的习惯，成长为一个有品德、有能力的人。因此，除了通过奖惩来调节孩子的行为和思想，还要注意对孩子进行引导，让孩子意识到奖惩背后的真正目的。尤其是在孩子已经有了正确的认识和良好的行为之后，要逐渐淡化奖惩的作用，加大正面引导的作用，使奖惩等外在行为转化为孩子自我管理的内在意识。

在日常活动中对孩子进行训练

父母培养厚德高效孩子的第三个原则是：在日常活动中对孩子进行训练。

苏联教育家马卡连柯告诫父母："不要以为只有你们同孩子谈话或教导孩子、命令孩子的时候，才是在教育孩子。在你的生活的每一瞬间，甚至当你们不在家的时候，都在教育着孩子。你们怎样穿衣服，怎样同别人谈话，怎样讨论其他的人；你们怎样表示欢欣和不快，怎样笑，怎样读报……所有这些对孩子都有很大的意义。"也就是说，父母对孩子最重要的教育实际上是在日常生活的一点一滴中。父母的一言一行，以及和孩子相处的每一件小事，都会对孩子厚德高效的训练产生重要的影响。

一个妈妈给三岁的孩子买了一根烤肠。妈妈跟孩子说："妈妈也很饿，给妈妈尝一口，好不好？"孩子却赶紧把烤肠藏在身后，坚决不给妈妈尝一口。妈妈故意转到孩子身后咬了一口孩子手里的烤肠，没想到却让孩子大发脾气，不停地跺脚、哭闹。妈妈无奈地感叹："这孩子真是没良心，我辛辛苦苦地养育他，尽自己最大能力给他最好的一切。他却一点都不知道感恩，连烤肠都不舍得让我尝一口。"

从表面看，这个孩子的确缺少感恩之心，但孩子天生如此吗？"人之初，性本善。”每一个孩子来到世界上的时候都是纯真、善良的，在以后的成长中无论变好还是变坏，都和父母的教导影响有关。故事中的妈妈，可能在孩子第一次拿着好吃的和她分享的时候，她却摇摇头说：“妈妈不舍得吃，给宝贝吃。”于是，孩子从此认为不和妈妈分享好吃的是理所当然的。也有可能妈妈在日常生活中，从不主动和他人分享，从而对孩子产生了潜移默化的影响。即使是在孩子出现不知感恩、不懂分享的行为时，妈妈也仅仅是兀自感叹，却根本没有对孩子进行感恩的引导和训练。

事实上，不仅仅是故事中的妈妈如此，许多父母对孩子的厚德高效训练都不尽如人意。其中最重要的原因就在于，许多父母从意识上都没有真正重视对孩子进行厚德高效的训练。比如，有些父母认为，对孩子来说，最重要的是学习知识技能，至于厚德高效方面不需要刻意去教；还有一些父母认为，孩子小时候不懂事，在品德、行为上犯一些错很正常，大了自然就会变好。正是父母的这些观点，才导致他们忽视了在日常生活中对孩子进行厚德高效的训练，而只是偶尔对孩子进行一些说教。然而，对于厚德高效的训练和养成来说，日常生活中各种小事的实践影响，远比单纯的说教效果要大得多。

晚餐时间，爸爸妈妈带小明出去吃饭，经过一家炸鸡店门口，小明嚷着要吃炸鸡。爸爸妈妈告诉小明：“我们要去吃饭，不吃炸鸡了。”小明却在大街上哭闹起来，甚至不惜在地上撒泼打滚。爸爸就和妈妈说：“给他买一点炸鸡吧，也不是什么大不了的事情。”于是，妈妈就拉起小明走向炸鸡店。第二天，爸爸妈妈带小明逛商场。小明看中一辆电动汽车，叫嚷着要买。爸爸跟他说，家里的电动汽车已经很多了，而且上个星期刚买了一辆差不多的电动汽车，今天就不买了。小明不乐意，再次上演哭闹戏码，引来了许多人的围观。爸爸妈妈再次妥协，买下了那辆电动汽车。由此，小明意识到哭闹是最有用的“武器”，它会让爸爸妈妈听自己的话。

像小明这样的孩子，我们身边很多。但是，我们能说爱哭闹是小明的错吗？

的确，像“吃炸鸡”“买电动汽车”这样的小事遍布我们日常生活的分分秒秒。许多父母认为，不值得在这样的日常小事中和孩子计较，惹得孩子又哭又闹，最后父母尴尬、孩子难过。但是，正是父母的这种思想，在日常小事上的妥协和忽视，才渐渐养成了“小明们”的坏毛病，让他们在厚德高效的反方向越走越远。

品德无小事。要想教出一个人见人爱、厚德高效的孩子，父母必须学会在日常活动中随时随地地对孩子进行品德的引导、教育。比如，吃饭、穿衣、睡觉、学习、爷爷病了、爸爸累了、其他小朋友摔倒了、好朋友生病了、和别的小朋友吵架了……这些琐碎的小事都是对孩子进行厚德高效训练的好机会。尤其是在孩子和他人相处中的一些小事，像小朋友忘记带橡皮、两个孩子因为争玩具发生矛盾这些事情虽然都是一些很平常的小事，却是孩子非常关注的、真实的情景，事情处理的经过和结果会成为孩子记忆的一部分，对孩子产生极为重要的影响。父母如果能在这些事情发生时抓住时机对孩子进行厚德高效的教育和训练，日积月累，孩子的品德和做事的效率就会得到不断的强化，形成一种自觉的行为和意识，成为其言行举止不可分割的一部分。

“限制”与“肯定”，要两面兼顾

父母培养厚德高效孩子的第四个原则是：“限制”与“肯定”，要两面兼顾。

“限制”是确定规则，“肯定”是强化规则。在“限制”中让孩子清楚“什么是可以做的，什么是不可以做的”，在“肯定”中让孩子更加直观地认识到“可以做的”和“不可以做的”之间的界限。培养孩子的规则感，对于培养孩子的厚德高效来说尤为重要。

美国儿童心理学家詹姆斯·杜布森博士在其著作《勇于管教》中有这样一段话：“如果悬崖边上设有栏杆，那么人就敢靠着栏杆往下看，因为不会害怕摔下去；如果没有栏杆，大家在离悬崖很远的地方就停住了，更别说站在悬崖边缘往下看了。栏杆就是界线，知道界线（规矩）的孩子会有安全感，相反，没有界线的孩子没有安全感，因为他不知道安全的尺度在哪里。”

有些父母虽然也意识到为孩子订立规则的重要性，并告诉孩子什么可以做，什么不可以做，却对这些并没有明确要求，或者有要求却不严格遵守。比如，妈妈对孩子吃饭前吃零食的行为进行“限制”，要求孩子“吃饭前不能吃零食”，但是，当孩子拿出零食准备吃的时候，妈妈却没有及时制止，更没有提醒他“不可以”，而是听之任之。于是，孩子会认为，只要自己坚持，妈妈就会在“限制”上让步。这样的“限制”不如没有限制。

那么，到底怎样设定“限制”、给孩子立规则才更有效呢？

1.“限制”要后果明确、描述简单、容易遵守

孩子的思维方式比较简单，接受能力有限，因此，父母在给孩子立规矩的时候，后果一定要明确。比如，你要求孩子“写作业时保持正确姿势”，就需要明确告诉孩子，如果他不保持正确姿势会有怎样的后果，并且这种后果一定要跟孩子的切身利益相关——写作业时不保持正确姿势不但会损害你的眼睛，还会影响你的骨骼，可能让你长不高。当然，仅仅把后果告诉孩子还不能真正引起孩子的注意，但提前告知会让孩子在真正经历后果时体验更加深刻。

此外，给孩子定规矩时，一定要对规矩进行简单易懂的描述，而且要让孩子容易遵守。毕竟孩子的理解力不像成年人那样成熟，自我控制能力也不强，过于复杂的描述不但不能让孩子遵守规矩，反而会让他陷入困惑，不知道具体该怎么做。比如，要求孩子“写字姿势正确”，具体描述为：背挺直，头放正，眼睛和书本保持一尺左右的距离，胸口和书桌保持一拳左右的距离。如果只是简单地命令孩子“写字姿势正确”，甚至在孩子提出疑惑的时候，粗暴、强硬地说“说什么你听着就行了，哪那么多问题”，反而会使孩子失去对你的信赖和敬重，即使表面顺从，也难以保持下去。

2. 提出“限制”之后，毫无理由地坚持遵守

对于自己给孩子订立的规矩不能以身作则地坚持遵守，是许多父母都容易犯的错误。比如，要求孩子不能乱丢垃圾，结果在和孩子逛街找不到垃圾桶的情况下，妈妈对孩子说：“这里连个垃圾桶都没有，就丢在地上吧。”父母这种随意、随性遵守规矩的行为，会让孩子对这个规矩的认识糊涂，甚至产生矛盾，无所适从。他不知道到底如何做才算是“不乱丢垃圾”，更不知道“乱丢垃圾”的行为到底是对是错，甚至有可能因为父母言行不一而失去对父母的信任，从而对父母以后的所有教导均存在质疑。

父母必须明确，规矩不仅是给孩子定的，也是给父母定的。在遵守规矩方面，父母一定要严格要求自己，为孩子做好榜样。无论是任何情况下，都绝对不能打破规矩，更不能为了打破规矩找一些所谓的“借口”，给孩子造成负面影响。

每次孩子犯规时，父母不要仅仅是用随意的口吻“提醒”他，而是要用认真严肃的表情看着他，明确告诉他“不可以”。比如，要求孩子“不可以挑食”。吃饭的时候，如果孩子出现了挑食的行为，父母不是随意地说：“都告诉你不能挑食了，你总是不听，挑食不利于身体健康，会长不高的。”这种制止方式显然指令不够明确，说了半天，孩子还是没听出来到底“能不能挑食”。而且过于啰唆的表述方式，很容易引起孩子的反感；清晰、明确的“限制”指令，会让孩子更加清楚自己该怎么做。

3. 如果孩子遵守“限制”，就要及时给予“肯定”

这是许多父母很容易忽视的一个环节。在孩子遵从父母的“限制”指令，改正错误的言行之后，父母会认为这是“应该的”，而忽视了对孩子改正行为的肯定和称赞。事实上，相对于孩子犯规时的惩罚来说，对孩子遵守规矩的言行给予及时的肯定，效果要更加明显、有效。肯定和称赞会让孩子的心情愉快，对该做的行为更加印象深刻，并有充分的动力将这种好的行为持续下去。更重要的是，肯定和称赞会让自己自主分析自己为什么会受到父母的肯定和称赞，从而知道自己应该“如何做”。

总而言之，在培养孩子厚德高效的行为上，父母一定要宽严相济，不仅要明确“限制”要求，还要对孩子好的行为及时关注、肯定和称赞，增加孩子多做好行为的机会。在这个过程中，最需要父母关注的一点是，对于规矩，所有照顾孩子的人都要保持一致，坚决执行。否则，任何一个拖后腿的都有可能使所有人的努力白费。

不仅教导“如何”，更要教导“为何”

父母培养厚德高效孩子的第五个原则是：不仅教导“如何”，更要教导“为何”。

许多父母在教导孩子时，将更多的关注点放在孩子不好的行为上，强调孩子“不可以”“不要”，或者简单粗暴地要求孩子“你要”“你必须”，却从未告诉孩子“为什么”。这种教导方式，必然导致孩子“知其然”，却“不知其所以然”。说简单一点，就是孩子知道“我不能乱丢垃圾”“我不可以吃太多冰棍”“我必须在写完作业的时候认真检查”“我一定要在起床之后叠好被子”……但是，他们却并不知道“我为什么不能这样做”或者“我为什么要那样做”。这种情况导致的直接后果就是，孩子总是对这些规矩难以持续地遵守。

有一次我和几个朋友去吃晚饭，邻桌坐着一对夫妻带着一个五六岁的男孩也在吃饭。吃饭之前，男孩看起来非常高兴，绕着饭店里的各个桌子一圈一圈地跑，而且边跑边叫。他的过于活泼很明显打扰到了其他顾客，甚至有些顾客已经露出了厌烦的表情。男孩的父母对男孩的这种行为也及时进行了制止。爸爸拉着脸走到男孩身边，边把男孩往回拉，边大声地呵斥：“不许乱跑！”孩子却根本不听，身体扭来扭去，想要挣脱爸爸的手。爸爸怒了，直接当着所有人的面就要扒下男孩的裤子打屁股。很显然，男孩经常遭受这样的待遇。爸爸刚表现出要打他的倾向，他就开始更加猛烈地挣扎，并且始终护着自己的裤子和屁股。在父子俩的对抗过程中，爸爸的严厉呵斥、儿子的大声哭闹让整个饭店更加嘈杂。然而，在整个过程中，爸爸始终都在强调“不许乱跑”“不许闹”“不许哭”“安静一点”，却没有对于为什么不许孩子乱跑、闹、哭进行说明、解释。

男孩的妈妈看爸爸根本搞不定孩子，就走到父子俩身边，对孩子说：“儿子，听话。如果你不乱跑，不哭闹，吃完饭妈妈带你去买变形金刚！”男孩听完妈妈的“许诺”，情绪不但没有缓和，反而变得更加激动，大声地嚷道：“我才不信呢，你总是骗我！”儿子的表现让夫妻俩十分尴尬，却似乎也无可奈何。最后，夫妻俩只好向其他顾客不断地道歉：“对不起，对不起！孩子不懂事。”

像我遇到的这样教子的情况，在现实中并不少见。许多父母对孩子的教育总是简单粗暴地进行命令，想当然地认为孩子应该听从、执行。然而，在孩子眼中，只会解读为“我为什么要听你的”。对于只知道要“如何”做，却不知道“为何”的孩子来说，遵从命令明显是软弱、投降的表现。于是，在父母的命令、恐吓、哄骗中，他们更加急切地想要反抗。最后，就像案例中的那对父母那样，将孩子的表现归结为“不懂事”。孩子的确不懂事，但是父母的责任就是要教他懂事。这个“懂”不是简单地告诉孩子“如何”，而是真正让孩子明白“为何”，知晓其中的道理。

故事还没有结束。

我笑着走到男孩身边，蹲下身子对他说：“孩子，你最喜欢做的事是什么？”男孩一脸疑惑地看着我说：“画画。”我点点头，继续问道：“如果你在画画的时候，有其他小朋友在你身边又跑又跳又闹的，你感觉如何？”男孩低下头，认真地想了想，说：“很烦。”我再次点点头，对他说道：“孩子，现在是吃饭时间。这里的很多叔叔阿姨都忙碌了一天，想在吃饭的时候能有个安静的环境休息一下。你刚才乱跑、乱闹的行为打扰到了叔叔阿姨的休息，他们和你画画时被打扰的感觉一样，很烦。所以，你是否可以安静地坐下来吃完饭再到外面的广场去玩呢？”男孩用力地点点头，安静地走到座位前坐下。自此，男孩再也没有乱跑、乱叫、乱闹。

其实，每个孩子都是懂事的孩子，或者说求知欲让他们渴望懂事。但是许多父母在教育他们的时候，习惯用训斥、命令、恐吓、哄骗的方式进行沟通，而忽视他们对“为何”的渴望，没有告诉他们这些命令背后的道理，以至于使孩子因为厌烦而反抗。

孩子不遵从父母的教导，很大程度上是因为他们不懂得道理。父母应该耐心地告诉孩子为什么他做错了，错在了哪里，然后再告诉他应该如何做才对。当孩子懂了道理，意识到自己的错误，遵从父母的教导改正错误就变得顺理成章。

父母不懂得或者不重视教导孩子“为何”的根本原因在于，许多父母不能把孩子放在一个平等的位置，总认为孩子“应该听我的”。要想使自己的教育更加有效，父母必须转变这种观念，教孩子如何做的同时，更要教会孩子为什么要这样做。

父母的榜样作用重于一切

父母培养厚德高效孩子的第六个原则是：父母的榜样作用重于一切。

我们在第一章就强调了“父母的形象会影响孩子的一生”，其中的重要原因就在于父母对孩子的榜样作用。孩子说的第一句话、迈出的第一个步伐，几乎都是来自父母的教导和影响，父母是孩子模仿最早也是最多的形象。所谓“龙生龙，凤生凤，老鼠的儿子会打洞”，强调的就是父母的言行对孩子的影响。如果龙生下来就和老鼠在一起，让它认为老鼠就是自己的父母，那么它发出的声音一定是和老鼠一样的“吱吱”声，它学会的最重要技能也会是“打洞”。

英国教育思想家托马斯·阿诺德说过：“父母的言行就是无声的老师，自觉或不自觉的榜样，强有力地发挥着潜移默化的作用。所以要想取得理想的教育功效，父母一定要以身作则，时时、处处、事事都严格要求自己，成为孩子人生的好榜样。”在对孩子的品德和高效行为的培养上，父母的榜样作用显得更加重要。无论是品德还是高效行为，都是较为抽象的概念，孩子很难真正理解，更别提转化为实际行动了。他们唯有通过模仿最亲近、最信赖的父母的言行来学习如何做人、做事。

对于孩子来说，最需要的是榜样而不是说教。父母希望孩子具备什么样的品德，自己首先必须具备那样的品德并严格践行在一言一行中；父母希望孩子如何高效地做事，自己首先应该以那样的标准去做事。妈妈告诉孩子要做一个正直的人，自己却在饭桌上以鄙夷的口吻议论同事的缺点，孩子心里会怎么想？爸爸告诉孩子要高效率、高质量地完成作业，自己却在边工作边玩游戏，孩子心里又会怎么想？妈妈告诉孩子要做一个保护环境的人，自己却随地吐痰、随手乱丢垃圾，孩子会怎么做？爸爸告诉孩子不可以说脏话骂人，自己却在堵车的时候不停地咒骂旁边的司机，孩子又会怎么做？

“随风潜入夜，润物细无声。”在教导孩子的过程中，父母极为重视的说教、命令，反而不如自己的言行对孩子的影响更大。孩子是父母形象的一面镜子。你留给孩子厚德高效的一面，将来孩子也会回报你厚德高效；你留给孩子不良言行，将来孩子也会回报你不良言行。

我有一个朋友，从儿子刚刚会说话，他就开始教儿子读《弟子规》《朱子家训》《颜氏家训》等传统文化，就是希望儿子能够成长为一个品德高尚、尊老爱幼、知书懂礼的人。儿子的表现也的确没有让他失望，对于那些书里的内容不仅会背，还会解读。朋友就觉得：妥了，儿子果然按照他希望的样子长大了。

到了儿子上小学，孩子的爷爷奶奶和他们一家三口搬到了一起。不到半年时间，朋友就发现，儿子越来越不懂礼貌，甚至对爷爷奶奶连起码的尊重都没有。比如吃东西，儿子把喜欢吃的全部收入囊中，不喜欢吃的全部推给爷爷。甚至有时候，儿子咬过之后发现自己不喜欢吃也是直接塞到爷爷的嘴里。如果奶奶哪顿饭做得不合胃口，儿子就会大发脾气，甚至不停地指责奶奶，然后“命令”奶奶去给自己重做……儿子的这些行为让我这个朋友大惊失色。他没想到，只是半年时间，儿子就把之前背下的道理忘得一干二净。

刚开始，朋友还考虑是不是爷爷奶奶太过宠爱孙子，以至于让他出现这些过分的行为。朋友甚至为此还和父母严肃地谈了一次，当然，语气也不怎么好。刚好他们的谈话被儿子听到了。小家伙像个小大人似的走到爸爸面前，认真地问道："爸爸，你刚才说我和爷爷奶奶说话的态度不好，让爷爷奶奶管教我。但是，你不是一直都和爷爷奶奶那样说话吗？就刚才，你也是用那样的态度和爷爷奶奶说话啊！"儿子的一番话让朋友幡然醒悟，原来问题出在自己身上！

于是，朋友对父母来到家里的半年内自己的言行进行了深刻的反思：首先，因为他们夫妻俩工作太忙，从父母来了之后，几乎把家里的所有家务活都推给了二老，并且认为这是理所当然，从没有向二老表示过谢意。其次，由于觉得是自己的亲生父母，朋友和父母说话从来都是无所顾忌，有时老人做事不合心意，还会冲老人发脾气。正是自己的这些不良言行抹掉了自己之前用五六年时间才让儿子学会的道理。

找到病根，朋友就开始着手"治疗"。他从自己做起，为孩子树立一个感恩父母、尊老爱幼的榜样。平常尽可能地抽出时间帮助父母分担家务，并且对于父母为这个家的付出表示感激，经常给老人捶背、和老人谈心。最重要的是，在和老人沟通的时候，不再充满抱怨和指责，多了一些恭敬、和气。在父母的影响下，孩子很快就转变了对爷爷奶奶的态度，学会了尊重老人，有了感恩之心。

这就是榜样的力量。古语道："其身正，不令则行；其身不正，虽令不从。"意思是说，自己榜样做好了，即使不命令别人，他们也会照着你的样子去做；自己没有做好表率，即使严厉命令别人，他们也不会听从。这句话放在父母教育子女方面非常合适。父母自己没有做到的事情，无论如何要求孩子，都难以使孩子产生根本性的改变。而如果父母做好了榜样，即使不用言语教导，孩子也会照着父母的言行去做。

有态度：尊重与支持，肯定与鼓励

父母培养厚德高效孩子的第七个原则是有态度：尊重与支持，肯定与鼓励。

父母教育孩子时的态度是教出人见人爱、厚德高效孩子的最重要的影响因素。父母的态度不仅影响着孩子的心情，更影响着孩子对父母教导内容的判断以及是否执行的决定。举个简单的例子，同样是制止哭闹的孩子，有的父母采用严厉命令的态度——别哭了，真是烦人精；有的父母则采用尊重鼓励的态度——妈妈知道你哭肯定因为发生了让你不开心的事，但妈妈相信你可以控制住自己的情绪，然后告诉妈妈到底是什么让你这样难过。两种态度对比之下，相信任何孩子都会更喜欢第二种父母的态度。

那么，父母在培养孩子厚德高效的过程中，怎样做才算是有良好的态度呢？

1. 尊重与支持

父母对孩子的尊重，首先体现在父母将孩子放在和自己平等的位置上。比如，和孩子说话的时候，蹲下身子，和孩子保持差不多的高度。再如，关于孩子的一些事都会和孩子进行商量，而不是自己强硬地做决定。这些平等会让孩子觉得自己被父母关注和尊重，从而让孩子学会自尊并且尊重他人。

有些父母认为，小孩子什么都不懂，当然要听父母的，因此对于孩子的所有事情都帮他做好决定，还强迫孩子遵照自己的指示行事，不得反抗。这样的父母培养出的孩子往往表现得怯懦而缺乏自主性，他们总是看父母的眼色做事。哪怕是想吃水果，都要等到父母发话才敢动手去拿，父母不表态，他们就只能忍着不吃。这样的孩子又怎么可能拥有勇敢、自信、感恩、快乐的品德，又怎么可能高效地做事？

尊重孩子，就要尊重、支持他的想法，了解孩子的真实感受，遇到问题和孩子进行平等的沟通，并一起寻找解决问题的办法。父母应该将孩子看成一个有独立思想、看法和需求的“人”，而不是必须听命于自己的附属品。要正视孩子的存在，理解孩子的愿望，给予孩子自主做决定的权利。即使孩子的想法和自己的想法冲突，甚至完全是错误的，也要在尊重的基础上，对孩子进行引导，而不是强行为他做主。如果在你的引导之下，孩子仍然坚持自己的想法，也要本着尊重的原则，支持他的选择。对于孩子来说，勇敢、自主做出选择本身就是一件值得称赞的事，也是一种值得培养的品德。即使结果真的证明他的选择是错的，也会使孩子在真实的经历中获得成长，这对于培养孩子良好的品德和高效行为非常有利。

尊重与支持孩子，看似非常简单的一件事，但对于中国的父母来说，要真正做到却并非易事。这种态度体现在父母和孩子相处的点滴之中，稍不注意，就有可能因为一个语气、眼神而伤害孩子敏感的自尊，让“尊重与支持”成为空谈。要真正做到始终以“尊重与支持”的态度去教导、培养孩子，父母必须在脑海中建立“尊重与支持”孩子的思维，并以此为信念，坚定不可动摇。

2. 肯定与鼓励

肯定与鼓励是孩子将好的行为持续下去的最大动力。每个人都希望自己表现出色的时候得到他人的肯定，孩子也是如此。当孩子经过一段时间的努力，在厚德高效方面有所表现时，父母要给予及时的肯定与鼓励，让孩子感受到来自父母肯定的愉悦。

事实上，孩子由于缺乏是非观，他们对于自己行为是否正确的判断完全来自父母。因此，他们更渴望父母对自己良好行为的肯定。甚至是喝一口水、吃一口饭、画一幅画，他们都希望被父母关注并且肯定。这也就是为什么我们经常会被孩子缠着表白：妈妈，我今天吃了一大碗饭哦；爸爸，你看我画的小猫好看吗……这个时候，即使孩子做得不太好，父母也给予肯定，鼓励他们向更好的方向努力的热情。比如，“你今天真棒！妈妈希望你每天都能像今天一样吃一大碗饭，快快地长大。”“宝贝画的这只小猫真可爱！爸爸相信你下次画得会更好看。”肯定孩子成长过程中每一点一滴的进步，都会使孩子建立自信，带着更大的热情去做好每一件事。

不要认为孩子什么都不懂。事实上，孩子每时每刻都在探索来自这个世界的信息，尤其是父母发出的信息。他们希望通过父母的态度来判断自己做得对不对，同时也希望通过自己的表现来获得父母的认可，向父母证明自己。所以，父母对孩子的肯定态度，是给予他们最好的鼓励。

小强正在专心地堆积木，爸爸坐在旁边看报纸。突然，小强把手中的积木狠狠地摔到地上，大声哭起来。被打扰的爸爸不耐烦地抬起头，说道：“堆个积木怎么这么大脾气？动不动就哭鼻子，什么坏习惯！”小强听后，更加伤心了。正在厨房做饭的妈妈听见动静走过来，蹲下身子，问小强：“妈妈知道你不会无缘无故地发脾气，能告诉我发生了什么事吗？”于是，小强止住了哭声，告诉妈妈，自己想堆一栋房子，但不知道怎么回事，最后几块积木总是放不上去。自己努力了好几次，但都失败了。他感到很懊恼。

听了小强的描述，妈妈不但没有指责小强，还把小强抱在怀里，温柔地说：“小强已经很棒了！只差最后几块没有放上去，而且在失败之后还反复尝试。妈妈为小强的毅力点赞！”小强听后，破涕为笑，离开妈妈的怀抱，继续去堆之前没有完成的房子。在他的不断努力下，最后终于完成了，他高兴地拉着妈妈“邀功”，妈妈也和他一起拍着手笑起来。

案例中小强爸爸不明事情原委就随意指责孩子的态度，极大地伤害了小强的自尊心。而妈妈的肯定又让小强找回了自信和动力，继续挑战，最后终于完成了作品。如果没有妈妈的肯定，小强在爸爸的打击之下，恐怕以后都不想再玩积木，也不敢挑战高难度的事情了。

肯定是一种态度。并不是一定要大声地夸赞、鼓掌才是肯定，有时候，一个赞赏的眼神、微笑和拥抱都能让孩子得到莫大的鼓励。那么，什么时候给予孩子肯定和鼓励最合适？在厚德高效方面，孩子哪些言行是值得父母给予肯定和鼓励的呢？

※ 当孩子勇敢地承认自己的错误，承担责任时，父母应该对他的诚实、勇敢和负责表示肯定。

※ 当孩子对别人为自己的付出、对自己的帮助表示感激时，父母应该对他的感恩之心表示肯定。

※ 当孩子愿意和他人分享时，父母应该给予肯定。

※ 当孩子主动和他人问好、帮助弱小时，父母应该及时对他的礼貌和爱心表示肯定。

※ 当孩子面对困难毫不畏惧、百折不挠时，父母应该对他的坚强给予肯定。

……

总之，孩子在厚德高效上付出的每一点努力、做出的每一个微小改变、收获的每一分成长，都值得父母的肯定和鼓励。

第三章

厚德高效培养第一步：调整环境，改善情绪

瑞典教育家爱伦·凯指出：环境对一个人的成长起着非常重要的作用，良好的环境是孩子形成正确思想和优秀人格的基础。父母对孩子的教育实际上就是环境的教育。父母为孩子提供、创造了怎样的成长环境，就有可能使孩子有怎样的成长。温暖有爱的环境能使孩子性格温暖友爱，行为善良，并且善于与人交往；厚德高效的环境能使孩子品德良好，行为高效……从某种意义上说，环境是孩子非常重要的成长条件。此外，孩子的情绪对于其行为及品德的形成也有着极为重要的影响。善于控制情绪，并且懂得如何处理负面情绪的孩子，往往更加自尊、自律、自强。所以，培养厚德高效孩子的第一步是：调整环境，改善情绪。

关心孩子的学习要有“度”

尽管“重视人的思想道德素质、能力培养、个性发展、身体健康和心理健康教育”的素质教育在中国喊了几十年，依然无法改变学习成绩在孩子生活中的“第一”地位，更无法消退父母对孩子学习的关注热情。在中国的绝大多数父母看来，学习是使孩子未来有出息的唯一途径。所以他们把所有的关注点都放在孩子的学习上，反而忽略了孩子的品德培养。

“爸爸妈妈爱的不是我，而是我的学习成绩。”

“爸爸妈妈以爱的名义‘逼迫’我学习，真是受够了。”

“如果没有达到爸爸妈妈的学习要求，就会挨打挨骂。他们从来没有真正关心过我想要什么。”

……

这些来自孩子的真实心声，反映出过度关心孩子学习的父母在培养、教导孩子的路上走得有多偏。学习是孩子获取知识和能力的主要途径，父母当然要关心，但一定要有“度”。超过了那个“度”，就会使孩子的主动学习变成被动学习。甚至因为父母对孩子所有的教导都归结到学习上，而使孩子感受不到来自父母的爱。对于孩子来说，父母的爱是他们努力上进的最大动力和信念，感受不到父母爱的孩子就失去了好好学习的动力，也就很难主动、轻松、愉快地学习。

我有一个亲戚，就一个儿子。她立志把儿子培养成最出色的人才，为此她还专门辞了工作，在家专心照顾儿子。她对儿子的生活起居照顾得可谓是无微不至，平常连喝水都不让儿子自己倒，都是她倒好端给儿子。她对儿子只有一个要求——好好学习。她经常和儿子说："你一定要努力学习。妈妈为你连工作都辞了，这样用心地照顾你，你要是还不好好学习，妈妈会很伤心的。"刚开始，儿子还会因为妈妈的话很努力地学习，争取考出一个好成绩。但是，她唠叨得多了，儿子也就麻木了，反而觉得妈妈对自己的好都是为了学习，而不是因为爱自己。尤其有一次，儿子考得非常不好，她在学校拿到成绩单的那一刻就对儿子发飙："为了你的学习，我连工作都辞了，每天辛辛苦苦地照顾你，连一杯水、一碗饭都不让你端，你就考一个这样的成绩给我？"她的话反而激起了儿子的叛逆，大声冲妈妈喊道："你根本不爱我，你爱的只是我的学习成绩！你所有的付出也不是为了我，只是为了我能考出一个好成绩。我不想要你这样的妈妈！"

从那之后，孩子不但在学习上一点都不付出努力，更跟妈妈疏远了。不管妈妈和他说什么，他都表示反对，根本听不进去。

在中国，像我亲戚这样的父母不在少数。他们为了能让孩子好好学习、考出一个好成绩，不惜以牺牲和孩子之间的亲密关系为代价。因为他们过度关注孩子的学习，让孩子误解了他们的关心和爱，从而使孩子和父母之间的关系变得越来越糟。结果常常是，分数没上去，亲子关系也破坏了。一旦出现这种结果，父母再想对孩子进行教导就非常难了，可谓是得不偿失。

所以说，那些过度关心孩子学习，把孩子的学习结果当成评判孩子优秀与否的唯一标准的父母，为了孩子的分数、作业，把自己和孩子的关系破坏掉，却还认为是"为孩子好"，是大错特错的。举个例子，如果你的孩子生了重病，很有可能会失去生命，你还会每天念念叨叨的都是让他好好学习吗？你还会对他每次的考试成绩好坏耿耿于怀吗？肯定不会，你只会每天祈祷他健健康康、平平安安、快快乐乐，你只希望能够让他真正感受到你对他的爱，让他每一天都过得愉快、幸福。所以，每一个父母都应该意识到：孩子比什么都重要，比学习成绩重要，比表现优秀重要，比多才多艺重要！而父母和孩子保持一种有爱、温馨、幸福的亲子关系对孩子的教育最为重要。

事实上，绝大多数孩子在学习上出现问题，都和亲子关系的破裂不无关系。健康的亲子关系会使孩子内心阳光、积极上进，对学习产生浓厚的兴趣，并为汲取知识而努力学习。而那些因为父母过度关心学习，从而导致和父母关系不好的孩子，常常表现出悲观消极，对学习毫无兴趣。从某种意义上来说，在学习上，父母越努力孩子就会越不努力；父母越放松孩子反而越努力。

那么，是不是意味着家长应该完全放手，对孩子的学习放任不管呢？这样极端的行为，同样是不对的。父母对孩子学习不闻不问的态度，会使孩子产生“学习不重要”的错误认识。在学习上，父母最好的关心就是为孩子创造一个轻松愉快的家庭环境，当孩子在学习上出现困惑或挫折的时候，给予一定的引导和帮助。对于孩子在学习上取得的成绩及时给予肯定和鼓励，并提出一定的期待给孩子增加学习的动力。

当然，最为重要的是，父母要学会爱孩子。这种“爱”不是父母认为的爱，更不是父母以任何借口给予孩子的爱，而是从孩子自身出发、从孩子的需求出发给予的爱。借用一句曾经流行一时的话来说，就是：我爱你，只是因为你是我的孩子，而不是因为其他。

让孩子有一张安静的书桌

如果说做事高效的第一个条件是什么，那一定是“专注”。无论是工作还是学习，只有集中注意力，专注于事情本身，才能真正提升效率。

许多父母抱怨，孩子做事效率低，做作业拖拖拉拉，一边写一边玩，很难集中注意力。如果出现这种情况，除了孩子自身的因素之外，就要从环境上找原因了。很多孩子之所以学习的时候不能集中注意力，往往都是因为受到外界环境的影响，被其他事物吸引了注意力。比如，有的父母一边让孩子写作业，一边在旁边打麻将，这样的环境，孩子又怎么能集中注意力安静地学习呢？还有的父母虽然也认识到给孩子一个安静的学习环境的重要性，却坐在孩子旁边玩手机，导致孩子总是不时地抬头想看看爸爸或妈妈的手机上有什么有趣的事这样吸引他们。

毫无疑问，孩子是否能够专注于学习，高效地完成作业，和他学习的环境有密切的关系。一个安静、祥和的学习环境，能让孩子很快进入学习的状态，注意力始终放在学习上，从而有效提升学习的效率。相反，一个嘈杂、混乱的学习环境，会对孩子的注意力产生极大的干扰，让他产生焦虑、不安的情绪，导致他无法专心学习。

天天是一个学习很用功的孩子，但是最近一段时间成绩却出现了下滑。不但作业经常完不成，上课的时候也经常哈欠连连。老师询问原因，天天就是低着头不说话。无奈之下，老师只好请家长。天天的妈妈听到老师讲的情况非常惊讶，在她看来，天天每天回家除了吃饭、睡觉几乎都趴在桌子前写作业，怎么会出现完不成作业的情况呢？

回家之后，天天的妈妈把天天叫到面前，严肃认真地问他："到底怎么回事？"天天支支吾吾了半天之后，终于道出了原委："妈妈，最近几个月你和爸爸经常请许多朋友到家里做客。虽然我在自己房间里写作业，但是因为隔音不好，客厅的喧哗、热闹总是会让我分心，我就不能集中注意力写作业。现在我即使比以前多用两个小时写作业也经常会完不成。因为睡眠不够，第二天上课还会犯困……"

天天的话让妈妈更加惊讶！最近几个月为了生意上的事要拓展人脉，为了能够在家陪天天，她和天天的爸爸选择在家里请客。没想到，这样一个决定对孩子的影响这么大。

孩子天生具有好奇心，任何的风吹草动、新鲜事物都有可能吸引他们的注意力，从而让他们偏离学习的轨道。更何况像天天妈妈这样大张旗鼓地在家里宴请宾客，怎么可能会不影响天天的学习呢？当父母们抱怨孩子学习不用心，总是不能集中注意力、高效完成作业的时候，不妨先扪心自问，当孩子学习的时候，你们为孩子创造一个安静的学习环境、给孩子提供一张安静的书桌了吗？如果答案是否定的，那么就请从以下几点开始行动。

1. 为孩子提供一个专门的学习空间

如果有条件，最好为孩子准备一个专门用来学习的房间。房间的墙面要做好隔音处理，比如用吸音棉、石膏板等做一层隔音墙。如果觉得这种方式成本太高，可以把墙面弄得粗糙一点，也可以起到降低噪声的效果。房间的门窗一定要选择密封性好的，有效防止外部噪声进入房间。在房间的布置上，尽可能地做到简单、整洁。不要放电脑、电视等会让孩子分心的设备。孩子的玩具也要做好收纳，尽可能不出现在孩子的视线范围内。

即使没有为孩子专门准备一个学习的房间的条件，也要为孩子准备一张学习桌，让孩子有一个可以安心学习的空间。孩子的书桌上除了必要的文具和学习资料之外，不要摆放其他物品。尤其是女孩子，喜欢把镜子、发饰等放到书桌上，这很容易使她们分心。如果书桌带抽屉、柜子，最好在孩子学习的时候锁上，以免他不时地打开，分散注意力。

2. 创造一个不受干扰的安静环境

父母要尽可能地为孩子创造一个不受干扰的安静的学习环境，让孩子能够专注地学习。在孩子学习的时候，父母不仅要监督孩子远离平板电脑、手机、玩具、电视机等容易分散注意力的东西，还要自我管理，不要在孩子旁边看电视、玩手机、打麻将或者大声聊天等，以免干扰孩子的学习。

有些父母虽然意识到为孩子创造一个安静的学习环境的重要性，并且努力去做，为此他们不惜改变看电视、玩手机、玩电脑、打麻将等习惯，甚至还在孩子学习期间闭门谢客。但是，他们却喜欢在孩子学习的时候不停地唠叨，问这问那，表面看起来是在关心孩子，实际上却是对孩子极大的干扰，使孩子不能集中注意力。

3. 营造一种安静、祥和的家庭学习氛围

父母是孩子最好的榜样。要想让孩子静下心来专注于学习，父母首先要静下心来。父母可以将孩子学习的时间段定为“家庭学习时间”，在孩子学习的时候，父母也在一边安静地读书、学习，不做其他容易吸引孩子注意力的事情，在家中营造一种安静、祥和的学习氛围。

同时，父母在工作之余仍坚持认真、努力地学习，对孩子也能够起到很好的榜样作用。在父母的潜移默化之下，孩子对学习的兴趣会更加浓厚，自觉地向父母学习，在学习上更加认真努力。

总之，如果孩子能集中注意力专注地投入学习，除了孩子自身原因之外，父母也要从环境上查找原因，尽自己最大的可能为孩子创造一个良好的学习环境，让孩子有一张安静的书桌。

注意与孩子情感上的沟通

人和人之间关系的建立和维持都是从沟通开始，父母和孩子之间也是如此。维持良好亲子关系的关键就在于沟通。我经常听到一些父母抱怨——我和孩子根本没办法沟通，他现在都不愿意听我说话。一旦出现这样的情况，再想教导孩子成为一个厚德高效的人就很难了。事实上，在每个孩子心中，父母都是他们在这个世界上最亲近的人，他们内心渴望与父母沟通，但却因为有些父母不能掌握正确的沟通方法而导致孩子拒绝沟通。

反观中国式父母在和孩子沟通时，最常用的语气就是抱怨、指责，最常用的前缀就是“你”——

你真是一只懒猪。

你是我见过的最笨的小孩。

你从来都不听我的话。

你做事从来都不认真。

你以为是你是谁啊？

你考这么差，真丢脸！

你就不能做事别这么拖拖拉拉的吗？

……

孩子在父母这些简单粗暴的指责、批评、评判、否定、贬损中，逐渐产生了逆反心理，从而导致沟通失败。一个被父母反复定义为“懒”“笨”“不听话”“不认真”“丢脸”“拖拉”的孩子，在强烈的自我暗示下，真的就会变成父母口中的样子。这样的孩子又怎么可能厚德高效呢?

要想改善亲子之间这种被动的沟通方式，父母首先必须学会在情感上接纳孩子的情绪。接纳是有效沟通的前提。要想让孩子主动和父母进行有效沟通，父母就要在和孩子沟通之前，先接纳孩子的情绪。无论孩子是处在快乐、兴奋还是愤怒、生气，抑或是悲伤、难过中，父母都要对孩子的情绪表示关注、尊重和理解，而不是反对甚至讥讽。比如，我知道你现在很难过，我看到你很高兴，我理解你的愤怒，等等。接纳孩子的情绪并不意味着你赞同，而是以一种接纳的姿态和孩子站在一起，让孩子靠近你、信任你，调动孩子和你沟通的积极性。通过这种渐进式的沟通方式与孩子建立顺畅、有效的沟通。

接纳孩子的情绪只是为接下来的情感沟通打下良好的基础，父母要想真正走进孩子的内心，和孩子建立情感上的沟通，还必须注意一些沟通技巧。

1. 换位交谈，“迎合”孩子的话题

“学习”“学校”几乎是每一个父母在和孩子沟通时出现最频繁的两个词。许多父母觉得自己和孩子之间似乎除了“学习”“学校”就没什么可聊的了。事实上，这是导致亲子沟通失败的最大误区。“学习”“学校”占据了孩子生活中的绝大部分时间，回到家中，他们希望和父母聊一些更有趣的话题，而不仅仅是“在学校吃得怎么样”“这次考试考了多少分”“学习上有什么困难”……最重要的是，当父母把话题紧紧锁定在“学习”“学校”的时候，会给孩子带来无形的压力，引起他们的厌烦。

父母应该学会站在孩子的角度，换位思考，孩子这个年龄最关注、最想聊的话题是什么？从孩子的兴趣点打开话题，无论是当下孩子正在关注的明星还是孩子刚刚结束的那场球赛，都会使你瞬间成为孩子的同伴、朋友，而不只是父母。

2. 真正“听”孩子讲话，而不是应付

许多父母在和孩子沟通时，总是喜欢说、说、说，却根本没耐心听孩子说话。事实上，对于有效沟通来说，听远远比说更重要。然而，对于绝大多数的中国父母来说，“听”孩子说话恐怕是最难做到的事，他们更擅长的是“说教”。尤其是当孩子发表一些和父母完全不同甚至在父母看来是错误的观点时，父母立刻迫不及待地打断孩子的话，站在“过来人”的权威、经验上去教导孩子：你应该怎么样怎么样，而不应该怎么样怎么样。这种完全不尊重孩子话语权的行为，只会将孩子越推越远，让亲子沟通变得越来越难。

还有一些父母虽然会耐心“听”孩子把话说完，却并不是真正的“听”。比如，孩子想和妈妈分享他新交到一个好朋友的趣事，妈妈却一边收拾家务一边漫不经心地听着。孩子见自己说了半天，妈妈没什么反应，便问妈妈在不在听。妈妈不耐烦地说：“当然在听啊！你不就是说你新交了一个好朋友嘛。过来过来，帮我……”这样的“听”只是耳朵上的听，而真正的“听”是用心去听。聪明的妈妈会在孩子想要和她分享的时候，就立刻停下所有活动，坐到孩子身边，以一种洗耳恭听的姿态鼓励孩子和自己沟通。即使没办法立刻停下，也要明确和孩子说：“妈妈这会儿正忙。但妈妈真的很想知道发生了什么，所以你给妈妈十分钟，然后就可以好好听你的故事了。”当然，最好的姿态还是立刻去“听”。

梦洁从学校回来，看到爸爸正坐在沙发上看报纸。她高兴地跑到爸爸身边：“爸爸，我这次模拟考试考了第一名！而且我的语文是全年级第一哦！”爸爸听后，放下手中的报纸，拍拍梦洁的肩膀说：“怪不得你这么高兴！听到这样的好消息，我也非常高兴！”梦洁非常激动，接着又跟爸爸“分享”了她在考试中如何答题、如何克服困难的一些细节。爸爸始终微笑着看着她，不时点点头鼓励她继续说。其实，在爸爸心中早已响起了一个声音：“提醒她不要骄傲！”但是，看着梦洁兴奋的样子，他不忍心打断女儿的话，干脆和她一起享受这份

快乐吧。那一晚，父女俩聊了很久，很开心。最后，梦洁抱着爸爸脖子说："爸爸，我今天真的非常非常开心。"第二天，梦洁即将出发去学校的时候，爸爸才提醒她不要骄傲，要再接再厉。梦洁对爸爸的叮嘱不但没有反感，反而认真地点点头表示自己一定会的。

孩子是最敏感的，他能够从父母的神态、动作、语气中判断出父母对待他的态度。所以，你是不是真正在"听"孩子说话这件事，并不能瞒住他。如果你用态度"告诉"他：我对你说的事没有兴趣，那么，他也会慢慢失去"告诉你"的兴趣。你要知道，那些你认为并不太要紧的事，其实是孩子最珍视、最关注、最感兴趣的事，所以他们才会那样期待与你分享。你却用假意聆听的态度拒绝了他们的热情。所以，当父母抱怨孩子不愿和自己沟通的时候，先问问自己是否真的认真"听"过他们说话。

此外，父母在和孩子沟通的过程中，还要改变说话的语气，不要再用"你现在必须……""你应该……"等过于强硬的命令式语气。对于孩子提出的问题要认真回答，尽管孩子提的有些问题的确很难回答，但也要认真思考，如果实在不能回答，就明确告诉孩子："妈妈也不知道答案。让我们带着这个问题去学习，一起寻找答案好吗？"

总之，如果你不能打开孩子的心扉，你就无法和孩子建立真正意义上的沟通。而打开孩子心扉最好的途径是情感上的沟通，让孩子感受到来自你的爱与鼓励。

家庭民主气氛浓厚

在民主气氛浓厚的家庭中长大的孩子，往往更加懂得自尊以及尊重别人，并且拥有积极上进的人生态度，有自己的主见和极强的创造能力，具备自信、乐观、诚实、善良、独立性强等良好的品质。可以说，民主的家庭氛围是培养孩子厚德高效的最好环境。父母应该积极关注孩子的精神世界，为他提供宽松、民主的成长环境，让孩子在民主、自由的环境中逐渐成长为一个厚德高效的人。

在民主的家庭氛围中，孩子能够感受到自己是家庭中的一员，被父母爱着、重视着，而不是管教、打压。这样的氛围能够使家庭成员之间关系和睦、生活愉快，有利于全家人的身心健康，更有利于孩子的健康成长。然而，在家庭中创造浓厚的民主氛围并不是一件容易的事，离不开父母的用心和努力。

1. 营造相互尊重、平等的气氛

没有尊重，就无从谈民主。要营造家庭民主气氛，首先要在家庭中营造家庭成员相互尊重的气氛。夫妻之间、亲子之间，都要表示尊重和礼貌，而没有谁命令谁、谁要求谁的情况。在中国，自古以来父亲就被冠以“家长”的地位。在“夫为妻纲、父为子纲”的浸染下，许多父亲都把自己放在绝对权威的位置上。为了维护这份权威，他们总是以一种居高临下的姿态和其他家庭成员相处。

也正因为如此，父亲几乎成为家庭中营造相互尊重气氛的最大障碍。

轩轩听到妈妈喊“吃饭”，立刻跑到冰箱拿出自己最喜欢的“酸奶”准备吃饭的时候喝。爸爸看见轩轩手中的酸奶，立刻拉下脸：“吃饭了，喝什么酸奶！放回去！”轩轩有些委屈，小声地辩解道：“妈妈昨天说，今天中午可以喝酸奶的。”

爸爸对轩轩的反叛更加生气：“我说不可以，你没听见吗？我命令你马上放回去！”轩轩在爸爸的注视下，非常无奈地慢慢走到冰箱前。

妈妈看到这一幕，有些不忍，上前帮轩轩解释：“昨天我的确说过……”她的后半句话还没出口就被爸爸的眼神“秒杀”在了半路上。轩轩刚刚燃起的希望再次被浇灭，他只能乖乖地把酸奶放回冰箱。但是，他一点食欲都没有了。

我们身边不乏“轩轩的爸爸”这样的“大家长”。在他们眼中，自己就是权威，任何人都不可以违抗。所以，即使“妈妈昨天说，今天中午可以喝酸奶的”也不行，因为“我说不可以”，而且没有任何理由，你只需执行就可以了。在这样的家庭氛围中长大的“轩轩”，既缺乏足够的自信，没有勇气挑战权威、尝试突破，更不懂如何尊重他人。

有些家庭中，即使没有一个绝对权威的“轩轩的爸爸”，也会存在以“你还小”“你不懂”“我是为你好”为借口要求孩子对自己言听计从的父母，结果反而招致孩子的叛逆，总想做出一些和父母的意见相反的举动来。事实上，父母对孩子尊重，以及父母之间表现出来的相互尊重、敬爱的作风，会使孩子打心眼里信服、爱戴父母，从而激发孩子积极主动地按照父母的要求去做。随着亲子关系的不断改善，孩子对父母的信赖不断加强，父母在孩子心目中会自然而然地建立别人难以取代的权威地位。最重要的是，孩子在相互尊重的家庭气氛中学会了自尊与尊重、自爱与爱人。这是将影响孩子一生的重要品德。

2. 明确每个家庭成员的权利和义务

在一个民主的家庭中，每个家庭成员除了享受来自他人的尊重与关爱，还要分担维护家庭和谐、整洁、舒适的义务。父母有教养孩子的义务，孩子也有孝顺父母的义务。比如，父母工作一天后，回到家中还要为孩子做饭、洗衣，照顾孩子的起居生活；孩子也应该通过帮助父母分担力所能及的家务、为父母捶捶背等方式为家庭做贡献，尽到自己的义务。

有些父母错误解读民主氛围，认为对于孩子的所有要求都要给予充分的尊重和认同才是民主，却完全忽视孩子作为一个和父母平等的家庭成员，也有“照顾家庭、孝顺父母”的义务。比如，当父母要求孩子打扫自己房间的时候，孩子却向父母索要报酬，并且强调这是自己通过劳动“应得的”，父母不但不表示反对，反而欣然同意。还有些父母对于孩子一些不合理的要求也不发表反对意见，只是一味地表示认同，认为这样就可以给孩子营造民主的家庭氛围。事实上，这种没有原则的“民主”反而是对孩子的纵容，使孩子失去了民主带来的快乐，也剥夺了他们为家庭尽义务的机会和成就感。

真正的民主不仅仅是孩子可以自由发表自己的意见，父母对于孩子的不当言行也应该明确地提出自己的观点，而不是为了民主刻意地顺从孩子。这种表面的“民主”不但不利于孩子的品德培养，反而会使孩子成长为一个过分自我、不懂换位思考的人。因此，父母应该让孩子明白，作为一个真正独立自主的人，他既拥有和父母一样的权利，同时也承担同样的义务。他既可以和父母一样平等地发表任何意见，也要和父母一样尊重别人的意见。父母不必担心这样做会破坏家庭民主的氛围。其实，在明确的权利和义务面前，孩子反而会因为自己真正成为一个和父母一样独立自主的人，对家庭、父母“有用”的人而感到自豪，从而增强了内心的安全感和责任感。

3. 作为民主家庭的重要表现形式——“家庭会议”是必不可少的

要在家庭中营造浓厚的民主氛围，可以定期召开“家庭会议”，父母和孩子一起公平、平等地参与到家庭建设中来。让孩子真正感到自己被尊重，并且通过参与处理家庭事务也有利于他们对自己的权利和义务有更深刻的理解。

让孩子学会为情绪按下“暂停”

情绪是人与生俱来的心理反应，善于管理自己情绪的人往往具有极高的情商。美国著名心理学家丹尼尔·戈尔曼将情商（EQ）定义为：“拥有认知我们自己的感受以及他人感受的能力，从而促进自己更好地管理自己的情感，并且维系与他人的良好关系。”可见，情商的高低将会直接影响人际关系的好坏。正缘于此，才有了“一个人要想取得成功，可以没有高智商，但一定要有较高的情商”的说法。可见，要想培养出人见人爱、厚德高效的孩子，父母必须教会孩子如何处理自己的负面情绪，从而提高孩子的情商。

对于孩子来说，他并不知道快乐和悲伤有什么不同，他只会跟随自己的心情发泄情绪，无论这种情绪是积极的还是消极的。然而，“冲动是魔鬼”。过于激烈的情绪反应不但不利于个人的身体健康，还会导致人在冲动之下做出一些过激行为。我们经常看到孩子因为生气而在公众场合大哭大闹，也有些孩子因为过于兴奋到处乱跑而引发意外。如果父母因为“孩子还小”就忽视对孩子的情绪管理，必然会导致孩子将来因为“情商太低”而无法把握成就人生的机会。

在情绪管理中，从激烈的近乎失控的情绪中回到理智控制的状态，是最重要的一步。但是，这对于缺少自我控制能力的孩子来说几乎是不可能完成的任务。这就需要父母对孩子进行适当的引导。其中，最重要的就是让孩子学会为情绪按下“暂停”，给情绪一个冷静下来的机会。虽然“暂停”只是一瞬间，但也足以给孩子提供一个自我检讨的时间，让他意识到自己“失控”了。比如，当孩子和其他小朋友发生争执，生气到想要抬手打人的时候，及时按下“暂停”，会让孩子意识到“打人是不对的”，从而寻找其他化解“生气”的办法。

1. 和孩子约定“暂停”的信号

“暂停”信号就像一个关闭情绪的按钮，在情绪几近失控的时候只要按下就能让孩子回归理智。父母需要提前和孩子约定好“暂停”的信号，可以是一个手势、一句话，也可以是一件物品、一个空间。比如，和孩子约定，当你连名带姓喊他名字的时候，他就要检讨一下自己的情绪；当你发觉他的情绪失控时，你会向他伸出一个巴掌；当他觉得自己情绪快要失控的时候，就大声告诉对方“我现在非常生气”；等等。总之，“暂停”信号必须是你和孩子商定的、独属于你们之间的小秘密。

2. “暂停”时间要有所差别

发出“暂停”信号之后，孩子的情绪就进入了“暂停”的时间。这个时间是用来让孩子自我反省和消解情绪的。所以，时间的长短首先要根据情绪的大小来决定。比如，逛街的时候，孩子想要吃冰激凌，你没有给他买，如果他只是和你顶嘴，可以“暂停”3 分钟，让他反思一下自己的过错即可；而如果他当众发脾气，大哭大闹，“暂停”时间中必然要加上让他冷静下来的时间，3 分钟显然是不够的。

此外，不同年龄段的孩子，“暂停”的时间也会有所不同。

对于 3 岁以内的孩子，他对于情绪和错误还没有清晰的认识，而且他们情绪变化较快，上一分钟还因为你不让他吃糖而大哭，下一分钟可能就因为你对他扮个鬼脸破涕为笑。所以，这个年龄段的孩子不需要也不宜“暂停”太长时间，最好不要超过3分钟。

而对于3～7岁的孩子，他已经有了一定的情绪管理意识，但还不具备自主管理的能力，可以适当延长“暂停”的时间，给他足够的时间和空间来认识、处理自己的情绪，但最好不要超过10分钟。这个年龄段的孩子对父母的依赖性依然很强，“暂停”时间过长会让他们感觉被父母抛弃，从而产生新的负面情绪。

对于7岁以上的孩子，基本上对情绪已经有了清晰的认知，同时也意识到情绪管理的重要性。所以，父母只需要提醒他们在情绪失控时按下“暂停”，至于要“暂停”多少时间可以让孩子自主决定。

3. 强调“暂停”的要求

如果只是告诉孩子你情绪失控了，“暂停”一下，孩子很难真正认识到“暂停”的重要性，更不知道在“暂停”的时候要怎么做。有些孩子即使按下“暂停”，仍然会因为情绪尚未平静而做出这样或那样的行为，导致“暂停”无效。因此，父母一定要和孩子强调“暂停”的要求。比如，“暂停”期间不可以说话，更不可以大声叫嚷；站在那里，不准走动；手中不准玩任何物品；不准看电视；不准和其他人聊天……这些要求是为了让孩子在“暂停”期间保持绝对的独处，反观自己的情绪和内心。

4. 暂停≠罚站

有些父母简单地认为“暂停”就是罚站，从而把给孩子提供冷静下来的机会，变成了对孩子情绪的惩罚。父母必须清楚的一点是，情绪是没有对错的，“暂停”的主要目的是帮助孩子建立对情绪的认识和管理，而不是对孩子情绪的惩罚。如果你只是简单地和孩子说“到那边站10分钟，然后再来和我说话”，孩子可能会想“我被罚站了”，却不会对自己的情绪有所反省。

为了避免让孩子将“暂停”误解为“罚站”，父母最好为孩子提供一个固定的“暂停”场所，并且提前说明这个场所和“暂停”的目的，让孩子认识到

“暂停”只是为了帮助他从过激的情绪中冷静下来。

需要强调的是，不管孩子的情绪表现如何，都不要试图对他的情绪进行指责、批评甚至是教导。从孩子的角度来说，他并没有什么错，他只是感到烦躁、生气、难过罢了。所以，你的任何指责、批评和教导都会让孩子误认为你对他的否定、不认可甚至是不爱他。这只会使他的情绪变得更加激烈。所以，在孩子为情绪按下“暂停”之后，你最好保持沉默，给孩子一个绝对安静的独处空间。

让孩子体验父母如何管理情绪

在你通过“说教”的方式教会孩子管理、疏导自己的情绪之前，让孩子体验你是如何管理自己的情绪的，是对孩子最好的教导。当孩子清晰地感受到来自父母的情绪时，父母通过一系列的自我情绪管理，言传身教地向孩子分享情绪管理的经验，可以有效提升孩子对情绪的认知和理解能力，并在真实的体验中学会如何管理自我情绪。

1. 明确告诉孩子自己的情绪

每个父母在教育孩子的时候，都会遇到情绪几近崩溃、控制不住的时候。相对于让情绪爆发，直接通过打骂孩子来发泄情绪的方式，或者极力压抑情绪、打碎牙往肚里咽的方式来说，明确告诉孩子自己当前的情绪是较为明智的处理方法。

沈伟带女儿婷婷去游乐场玩，结果婷婷为了抢滑梯把一个小朋友从滑梯上推了下去。幸好那个小朋友只是从滑梯上滑了下来，没有受到伤害。沈伟要求婷婷立刻向对方小朋友道歉。婷婷却拒不认错，也不道歉。沈伟对婷婷的态度感到很生气，便罚她到旁边一个安静的角落反思。没想到婷婷不但没有认识到自己的错误，反而当众指着沈伟说：“我不要你这样的爸爸！”这句话几乎像地雷一样炸开了沈伟内心愤怒的火苗。他当时真想把婷婷拎到一边狠狠地揍一顿。但是，他还是控制了一下自己的情绪，用非常克制的声音对婷婷说："你这样说让爸爸很生气，也很伤心。"说完，他转身离开。

刚走几步，沈伟就听到背后传来"咚咚咚"的跑步声。婷婷追上来，拉住爸爸的手，哭着认错道："爸爸，对不起！是我错了！你原谅我好不好？你永远是我的好爸爸……"

面对一个情绪激烈的孩子，沈伟的严厉并没能让婷婷低头认错，还激化了婷婷的情绪。反倒是他一句几乎真诚的告白——"你这样说让爸爸很生气，也很伤心"让婷婷控制住了情绪，并且主动认错。想必在婷婷以威胁、指责爸爸的方式发泄过情绪之后，已经清楚地感受到了来自爸爸的愤怒，她等待着暴风骤雨的来袭。但是，爸爸控制住了自己的情绪，并且明确告诉她自己的真实感受。在爸爸的榜样作用下，她也懂得了要控制自己的情绪，并向爸爸认错。

能够在孩子面前坦言"我很伤心""我很生气"的父母，绝对比对孩子大喊大叫、拳打脚踢、摔盘子摔碗或者闷头抽烟的父母更容易让孩子理解和尊重。不管是用激烈的言行来发泄情绪，还是过分压抑自己的情绪，对于教导孩子学会管理情绪都没有任何意义。孩子甚至会在父母的这种影响下，采用同样的方式处理情绪，而走进误区。

2. 让孩子感受到你控制情绪的行动

要控制即将爆发的情绪并不是一件容易的事，需要从语言、表情、行为上的全方位自我暗示和调节。而这些控制情绪的行动，都是可以让孩子直接看到、感受到的，是教孩子学会管理情绪最关键的一步。

首先，在情绪爆发的边缘，你要尽量让自己放轻松，比如闭上眼睛，做三次深呼吸；或者在心里默数一、二、三等。通过这些动作让自己快速放松、冷静下来。

其次，调整你的声调和肢体动作。声调和肢体动作能够直接传达你的情绪和态度。比如，生气的时候我们会语速比较快，声音也会比平常说话时要大一些。这个时候，孩子会很明显感受到你在生气。为了控制情绪，你可以适当地把说话的语速放慢一点，声音尽量地压低。如果同时带上一丝微笑，或者伸出双手做一个拥抱的请求，孩子会立刻感觉到你对自我情绪的控制，以及你希望和他沟通的意愿。这个时候，无论孩子有多大的情绪也会尽力克制。然后，你再告诉他，爸爸 / 妈妈不希望被情绪所左右，因为一时的生气、愤怒做出一些让自己后悔的行为，甚至伤害到和他的感情。这种真情的表白很容易打动孩子的内心，从而在潜移默化中让他意识到对自我情绪控制的重要性，以及如何在情绪爆发的边缘通过一些"小动作"来控制情绪。

3. 陶冶情操，做好情绪示范

管理情绪最好的办法就是尽可能保持平稳的情绪，不因为一点小事就变得过于激动。这就要求父母在日常生活中要陶冶情操，为孩子做好情绪示范。比如，在忙碌的生活中，给自己留出一段安静独处的时间，可以做一些自己喜欢的、能够让自己开心的事，无论是阅读、听音乐、看电影、做瑜伽还是反思你这段时间生活中的一些情绪都可以。总之，这段时间完全属于你自己，不要让任何人打扰。独处的时间，绝对是帮助你找回好心情的密钥。当你嘴角挂着微笑再次出现在孩子面前的时候，他会知道"给自己一段独处的时间"对于情绪管理多么重要。

你也可以试着用幽默化解日常中的小情绪。生活中难免会遇到一些不开心的事，这些微小的情绪如果不能得到及时的化解，日积月累就会成为极大的情绪隐患。这个时候，你不妨换个角度，说个笑话、开个玩笑或者看一场喜剧电影，在幽默的"笑一笑"中让那些细小的负面情绪消失于无形，让自己再次快乐起来。在和孩子相处的过程中，幽默的说话方式和生活态度，也会让孩子感受到你通过笑声管理情绪的智慧。

给孩子自己处理负面情绪的机会

当孩子被负面情绪控制时，几乎每个父母都会想要去“救火”，帮助孩子快速处理掉这些负面情绪，找回那个快乐、幸福的孩子。然而，你要知道，学会控制和管理自己的负面情绪是孩子人生中的必修课。这堂课没有人能够代替他去考试，同样也不能代他练习。只有让孩子自己去经历才能真正让他掌握处理负面情绪的技巧。所以，作为父母，你最应该做的不是“救火”，而是尽量给孩子自己处理负面情绪的机会，让孩子自己去感受、识别、控制、处理那些情绪的火苗。只有这样，他才能真正学习如何管理自己的情绪。父母在这个过程中，所扮演的角色应该是引导者，而不是教导者。

1. 接受孩子的负面情绪

我们都会有这样的体会：当我们感到紧张的时候，越是压制内心的紧张情绪，却越是感到紧张。同样，对于孩子的负面情绪，我们越是否认、压制、怀疑，反而越容易使情绪增长。比如说，当孩子说：“妈妈，我怕黑。我不想一个人睡。”你越是跟他说：“这有什么可怕的，真是胆小！赶紧回去睡！”孩子越是感到害怕。所以，当孩子处在负面情绪中的时候，你千万不要说“你不应该生气”“这有什么好紧张的”“你没有理由难过”“你怎么能这样乱发脾气”等，而是要接受孩子的负面情绪，以一种从容的姿态面对。

接受孩子的负面情绪是指不加指责、抱怨地承认孩子情绪的真实性，并且承认孩子有产生和表达情绪的权利。即使因为孩子采取过激的行为表达情绪而伤害到你，作为父母也要先接受并且尊重孩子情绪的存在。你只有真正接受孩子的负面情绪，才能不对孩子的负面情绪做任何压制、阻拦，而让他把情绪真实充分地发泄出来。同时，父母接受并尊重孩子的负面情绪会给予孩子正确面对自己负面情绪的勇气，进而才能去处理自己的负面情绪。

所以，当孩子出现负面情绪时，父母可以说——“我知道你现在很生气，因为……”“我明白你一个人睡会感到害怕，我小时候也会这样……”“我知道你很难过，因为……”，等等。总之，以一种真诚的态度去接受孩子的情绪，让孩子知道你理解他、懂他，然后你才能引导他进一步去认知、处理自己的情绪。

2. 帮助孩子认知情绪

认知情绪是管理情绪的前提。如果孩子连自己的情绪是什么都不清楚，甚至没办法准确地表达自己的情绪，就更不可能会处理情绪。有时候，孩子虽然感到难受、想发火、想打人……但他们并不知道这些情绪代表什么意思。这个时候，父母可以通过模仿孩子的表情、动作等来和孩子共情。一方面，父母通过模仿孩子的表情、动作了解孩子此刻的真实情绪；另一方面，父母也可以通过这种方式将孩子的情绪感受反映给孩子自己，让孩子可以直观地观察到情绪的变化和表达。

当然，如果仅仅是简单的模仿并不能使孩子清晰地认知情绪，甚至还有可能会使孩子因为感到羞愧而变得情绪更加激动。这时，父母就可以给孩子的情绪贴上标签，直接告诉孩子他此刻的情绪是什么。比如，当孩子的玩具被别人抢去，他的表情明显想哭，而他的手也握紧了拳头想要冲过去打人。父母在模仿孩子这些表情、动作的同时，问孩子：“你现在很生气，是吗？”当父母用这种情绪词汇把孩子此刻的感受描述出来时，孩子对自己的情绪就有了更清楚的认识。

当然，有时候孩子因为负面情绪过于强烈，并不希望此刻去认知自己的情绪到底是什么。这个时候，如果父母不识趣，一定要和孩子聊聊你现在到底是难过还是生气，只会引发孩子的反感，进而变得更加激动。你不妨让他先自己冷静下来，然后再和他谈谈刚才的感受。

当孩子能清晰地认知和识别出自己的情绪，他就能够将自己的情绪准确地表达出来，比如，我很生气，我很难过，我很愤怒，我很嫉妒……这是孩子处理情绪的开端。

3. 教给孩子处理负面情绪的技巧

如果孩子不知道任何处理负面情绪的办法，你在他生气的时候把他一个人锁在屋子里一天，希望他能够自己处理情绪，结果反而会使他的情绪变得更糟。不信的话，你可以试试。当然，肯定没有父母敢做这样的尝试。所以，稳妥的办法还是提前交给他一些处理负面情绪的技巧。这样，你给他自己处理负面情绪的机会才会变得真正有意义。

比如，数颜色法。这是美国心理学家费尔德提出的一种处理情绪的办法。具体做法是，当负面情绪袭来时，找一个独立的空间，细数里面的各种颜色。比如，孩子因为某事生气时，你带他到书房数里面一共有多少种颜色：一面白色的墙壁，一盏黄色的台灯，一张红色的桌子，一把黑色的椅子，一本紫色封面的书……一直数完十二种颜色为止。在这个过程中，孩子会在寻找颜色的过程中慢慢转移注意力，逐渐忘记刚才让自己生气的事情。而他生气的情绪也会渐渐缓解，最终被“找到十二种颜色”的成就感所冲淡。

此外，还有宣泄法、运动缓解法、音乐缓解法等各种处理负面情绪的技巧。父母可以通过游戏的方式把这些技巧教给孩子，让孩子轻松掌握。

4. 给孩子一个自己处理负面情绪的空间

当孩子已经能够认知自己的情绪，并且掌握了一些处理负面情绪的技巧，你就可以在他出现负面情绪的时候让他自己处理，而不是亲自上阵帮助他。事实上，当我们难过、悲伤、生气、愤怒的时候，越是有人想要帮我们化解这些情绪，我们反而越是烦躁，情绪也会更加激烈。绝大多数的时候，我们只是“想静静”。孩子也是如此，当你给他一个“静静”的机会，他反而很容易就把刚才看起来“不得了”的情绪处理好了。

作为父母，你一定要相信自己的孩子，他有足够的能力去面对、处理自己的负面情绪。你只要闭嘴，安静地走开，就可以了。

教"做人"比教"学业"更重要

俗话说，先做人后做事。学会做人，是使孩子立足于世的根本。决定孩子一生成就高低以及幸福感的，肯定不是学习成绩的好坏，而是其是否会"做人"。一个人如果连"做人"都不会，学习再好、学历再高也难以有所作为。对于家庭教育来说，教孩子"做人"一定比教"学业"更重要，品德比分数更重要。

然而，世间那么多做人的道理，父母最应该教给孩子的是什么呢？我们从道德教育的经典著作《弟子规》中总结出以下几点。

1. 孝敬父母，友爱兄弟

"首孝悌"是《弟子规》总序中的第一句话，也是贯穿《弟子规》全文的核心教育思想。百善孝为先。一个人如果连和自己有着血缘至亲的父母兄弟都做不到孝敬、友爱，那他就等于丧失了做人最基本的品德。而那些具备孝心并且以实际行动践行孝悌之道的人，往往在社会中表现得更加优秀，更容易赢得他人的尊重、帮助，也更容易取得非凡的成就。

可以说，孝悌是一切教育的起点。因此，父母在教养子女的过程中，要从孝道开始，要让他从小就学会孝敬父母、友爱兄弟。

在日常生活中，父母要经常带孩子一起去看望爷爷奶奶、姥姥姥爷，以身作则，做孩子孝道的榜样。同时，还要让孩子了解、体验到父母的辛苦，要求孩子为父母做一些事，比如为爸爸妈妈过生日、吃饭时让父母先入座、在父母累的时候为父母捶捶背等，给孩子提供孝敬父母的机会，同时让其感受到孝敬父母的乐趣。

2. 谨言慎行，诚实守信

《弟子规》中说，“次谨信”。也就是说，做人的第二个要点就是谨言慎行，诚实守信。一个人如果说话做事非常随便，总是信口雌黄、言而无信，肯定不可能赢得别人的信任，必然难有好的人际关系。所谓“一言可以兴邦，一言也可以丧邦”，一个不懂得谨言慎行、不能坚守诚实守信的人，即使知识水平再高、能力再强，也有可能会因为某句话说得不对、某件事做得不好而招致祸患。因此，让孩子从小养成谨言慎行、诚实守信的品德真的非常重要。

需要注意的是，“谨言慎行”并不等于“谨小慎微”，而是强调一个人要重视个人行为举止、遵守衣食住行的礼仪，谨慎小心地做事，自尊自爱地做人。

3. 自立自强，积极进取

自立，是指一个人能够自己处理好自己身边的各种事情。自立是孩子走向社会、适应社会并且更好地生存所必备的品质。有些父母总是不舍得让孩子做任何事，结果导致许多孩子连基本的生活自理能力都没有：衣服不会洗，饭不会做，地不会扫……但是，孩子总会长大，总要一个人面对社会的竞争，父母不可能永远站在他的身后帮他料理一切。

美国哈佛大学的威特伦教授曾对 256 名孩子连续进行 40 年的追踪观察，结果发现：从小就自己的事情自己做、自立能力较强的孩子，比那些自立能力差的孩子在收入上要多 5 倍，在人际关系处理能力上要强 2 倍。这样的数据应该惊醒那些还在为了孩子的学习而不让孩子做任何事，让孩子“饭来张口、衣来伸手”的父母，是时候让孩子学会自立了。

还有一些父母虽然知道自立对于孩子的重要性，却根本没有足够的耐心培养孩子的自立能力。他们的口头禅常常是："有我跟他废话的那点工夫，我早就帮他做好了。何必还让他浪费那时间、精力。"当然，父母从体力、经验上来说，帮孩子完成洗衣、叠被、做饭、洗碗这些小事是轻而易举的，要比孩子的效率高很多。但是，没有人是天生就会做这些事的，孩子的成长、自立也需要一个过程，需要不断地练习。如果父母因为嫌孩子慢、浪费时间，就直接上手帮孩子做，而不是站在旁边耐心地指导他自己去完成，反而是在害他而不是在帮他。

培养孩子的自立能力一定要从小时候做起，从小事做起。比如，孩子三四岁的时候，就可以锻炼他洗自己的袜子。哪怕他洗的时候衣服全都湿透，花了两个小时的时间，甚至小手洗得红彤彤的，你也要忍住"帮忙"的冲动。你只要适时地给予他指导，告诉他洗袜子的步骤、怎么洗才会洗得比较干净以及如何判断袜子洗干净了，等等。同时，为了培养孩子的积极性，父母要对孩子自主能力的每一点进步和成功进行及时的肯定和表扬，提升孩子的主动性。

4. 感恩博爱，亲近仁德

孔子认为，仁爱是做人的根本。任何一个人，只有懂得爱、付出爱，才能收获爱。真正有大智慧的人，必然有一颗仁爱之心。他们爱自己的亲人，爱身边的朋友，甚至爱自己的敌人。在与他人交往中，他们不会因为对方贫穷而瞧不起他，也不会因为对方有钱而讨好他。在博爱的人心中，每一个人都是平等的，不分贫贵，也不分美丑。相信没有人不愿意和这样仁爱的人交往。

为了让孩子成长为这样一个有着博爱之心的仁德之人，父母首先自己要将"仁爱"作为自己的核心价值观，并在日常生活中努力践行。同时，还要让孩子有意识地亲近那些有"仁德"的人，为他们树立榜样。

总之，父母要想让孩子成为一个人见人爱、厚德高效的孩子，就必须摒弃"以分数论英雄"的教育理念，加强对孩子道德品行的培养。

第四章

厚德高效培养第二步：耳提面命，言传身教

苏联著名教育学家苏霍姆林斯基曾说过：“人的全面发展取决于母亲和父亲在儿童面前是怎样的人，取决于儿童从父母的榜样中怎样认识人与人之间的关系和社会环境。”可见，父母对孩子的耳提面命、言传身教对于孩子的成长有着极为重要的影响。中国自古就倡导“修身、齐家、治国、平天下”，“修身”不仅是一个人成就大业的基础，更是一个人管理家庭、教导孩子的先决条件。如果父母不能以身作则，言传身教，就很难教出厚德高效的孩子。因此，教出厚德高效孩子的第二步是：耳提面命，言传身教。

用“示范”代替“说教”

生活中，很多的父母教育孩子都侧重于讲道理、举事例：怎么做对，怎么做不对；什么该做，什么不该做……可谓是循循善诱、谆谆教诲，也算是煞费苦心。但是，父母会发现，“喊破嗓子，不如做出样子”，把道理教给孩子后，孩子虽然知道了，但是却做不到。

王女士是一位知识青年，自身学历高，平常接触到教育的知识也多。她对于孩子的教育非常重视，认为家庭教育要以厚德为主。

每天睡觉前，她都会给孩子讲一个具有教育意义的故事。等到孩子上幼儿园以后，她开始教孩子读《弟子规》，着重对孩子的品德教育。

孩子也非常聪明，虽然里面的很多道理还都不太懂，但是在王女士的说教下很快就能够把《弟子规》熟悉背诵。等到孩子把《弟子规》背诵下来以后，王女士就开始要求孩子学习《弟子规》里面的道理，做一个厚德高效的好孩子。

有一天，学校的老师给王女士打来电话说她的孩子在学校和别的小朋友打架，把人家的鼻子都打流血了。王女士连忙赶往学校，经过了解才知道，别的小朋友抢她孩子的玩具，她的孩子就把那个小朋友推倒在地上把鼻子摔流血了。

王女士非常生气，回到家就让孩子把《弟子规》从头背了一遍。当孩子背到“势服人，心不然；理服人，方无言”的时候，王女士打断了孩子，让孩子解释一下这句话的意思。

孩子非常熟练地把“势服人，心不然；理服人，方无言”的意思给翻译了一遍。王女士非常严厉地训斥道：“既然你懂得这个道理，为什么还要采用动手的方式解决问题，不能做到以理服人呢？”

没想到，还没等王女士把话说完，孩子非常无辜地说道：“我做错事情的时候，爸爸也是直接揍我啊。”

很多的父母都会像王女士这样，把道理教给了孩子，却没把行为教给孩子。孔子曰：“其身正，不令而行；其身不正，虽令不从。”父母是孩子最信任的人，父母的言行举止都是孩子学习、模仿的榜样，如果父母一味地注重“言传”，而忽视“身教”，那么，厚德教育就会成为纸上谈兵。

一般来说，父母脾气温文尔雅，孩子温文尔雅的概率更高；父母爱撒谎，孩子不诚实的概率更高……甚至，很多孩子的处事风格、思考方式、举止动作都和父母非常相似。

每次谈到孩子的教育，李刚都非常头痛，他最关心的就是如何改掉孩子爱撒谎的坏毛病。李刚说，他的孩子撒谎的本领可谓是炉火纯青，现在连他都很难分清楚到底哪句是谎言。

说到他孩子都喜欢说什么谎话，李刚非常无奈：一开始是做错事了不敢承认，现在演变成私自改动分数，变着法儿地要零花钱……

李刚希望我能帮助他改掉孩子爱撒谎的毛病。为了找到孩子撒谎的原因，我准备到李刚的家里观察孩子一段时间看看能否找到原因所在。在李刚家待的几个时辰里，中间发生了这么两个插曲：

插曲一：孩子写作业的时候，李刚发现文具盒里多了一支铅笔，就问孩子：“这只铅笔是哪来的？是不是拿同学的东西了？”

孩子回答：“不是的，老师奖励我的。”

李刚为了让孩子认识到自己是在撒谎，就给老师打了个电话，老师告诉他没有这么回事。

在李刚再三的逼问之下，孩子承认是拿了同学的铅笔。这个时候，我想孩子撒谎是为了保护自己免受惩罚，就准备建议李刚不要大动干戈，以讲道理为主。

谁知，我的话还没开口，李刚来了这么一句："明天把铅笔交给老师，让老师帮你还给同学，就说铅笔是从地上捡到的。"

插曲二：孩子写完作业后就被打发去睡觉了。在孩子睡觉的当口，我就和李刚聊了一下我的观察，把他们父子之前因为铅笔的谈话内容复述了一边。李刚猛然间意识到孩子爱说谎的原因之一应该来自自己的影响。

于是，李刚就和我关于言传身教的话题聊了起来。正当我们聊到兴起的时候，李刚突然发现孩子上学的时间过了。他就把孩子叫了起来，匆匆忙忙地把孩子的学习用品收拾妥当就给孩子打开了房门。

在孩子临走的时候，李刚下意识地嘱咐了孩子一句："到学校就跟老师说家里的时钟坏了，所以才迟到的。"

我当时满脸惊讶，甚至开始怀疑我们是不是刚说完言传身教。李刚看到我的表情的时候也意识到了自己又给孩子做了一次说谎的示范，非常尴尬地说："对不起，我又说谎了。我知道孩子爱说谎的原因是什么了。从今天开始，我要以身作则，改掉说谎的坏毛病。"

模仿是人的天性，特别是孩子的天性。《三字经》有云："人之初，性本善。性相近，习相远。"这句话中的"习"指的就是孩子在成长过程中所处的环境对他的影响，这个"习"的养成大多是直接或间接从父母身上学来的。《颜氏家训·治学篇》中也说："夫风化者，自上而行于下者，自先而施于后者也。"

所以，在教育孩子方面，"身教"比"言传"对孩子的影响更大。要想教出一个厚德高效的孩子，父母首先自己就要以身作则，通过自己的行为影响孩子。

明确的学习目标和计划表

通过大多数父母的反映，我发现：成绩好的孩子一般都有明确的学习目标，成绩不好的孩子大多没有明确的学习目标。

对于成绩不好的孩子，我们会发现这样两种现象：一种是没有学习目标，他们的学习基本上都是在父母的催促中度过的，孩子学习的主动性非常差，孩子累，父母也累。

李杰是一个初中学生，学习成绩处于班级的中下游，一直都没能提上去。由于没有明确的学习目标和计划表，每天放学回到家，李杰不是看动画片就是玩游戏机，从来没有主动做过作业。

李杰每次开始做作业都是在妈妈一遍遍的催促下才拿出书本，做作业的时候注意力也不集中，不是发呆就是摆弄铅笔、文具，大多数时候书桌上一片狼藉。毫不夸张地说，小明完成的每一道题目都是妈妈一句甚至几句的催促换来的。

另一种是虽然有学习目标，孩子学习的主动性也有，但是目标不明确，很少能够完成，渐渐地孩子的学习主动性就没有了，孩子苦闷，父母闹心。

张艳的成绩一直处于班级的中等水平，很少滑落也很难提升。张艳是一个性格比较要强的孩子，每次开学和妈妈一起制定整个学期的学习目标的时候都会把目标定得过高。学习目标制定好以后，张艳的学习时间都计划得有条不紊，学习也非常努力，很少让妈妈因为什么时间做作业、做什么作业而操心。但是，唯一让妈妈感到无奈的是张艳每天都能严格遵守学习计划表，但是每次定的成绩都不能达到。

以上这两种现象在大多数的家庭中非常普遍，究其原因，父母没有帮助孩子制定一个切合实际、明确的学习目标。

那么，作为父母，如何帮助孩子制定明确的学习目标呢？

1. 认识学习目标的重要性

父母帮助孩子制定学习目标，首要条件是让孩子认识到制定学习目标的重要性。我发现，现在很多孩子学习就像是完成任务一样，老师布置什么作业就做什么作业，除了做题还是做题。他们基本上不知道自己为什么要学习，也不会去想自己要学到什么程度，所以，他们也没有自己的学习目标。

人的成长是一个不断被激励的过程，没有学习目标的孩子是没有动力学习的。

2. 从实际情况出发

父母帮助孩子制定学习目标，要从孩子的实际情况出发，既要了解孩子学习的长项和弱点，又要尊重孩子的意愿。

了解孩子的长项和弱点，包括：孩子在哪些学科的学习比较轻松，哪些学科的学习比较困难；哪些学科亟待提高，哪些学科需要维持；每个学科提升的空间是多少……

了解孩子的长项和弱点后，父母就需要了解孩子的意愿，只有充分尊重孩子的学习意愿，孩子才会有动力去学习。同时，孩子的天赋和兴趣也决定未来的成就，如果家长不尊重孩子意愿，与孩子的天赋和兴趣背道而驰，不仅不能帮助孩子学习，还有可能扼杀一个天才。

3. 目标要行之有效

大多数父母都是“望子成龙”“望女成凤”的，认为只有把孩子的学习目标定高才能激励孩子取得更好的成绩，将来才能取得更大的成就。但是，父母没有考虑一点，再高的目标如果不能完成，最终也是竹篮打水一场空。

所以，在帮助孩子制定目标的时候，父母一定要充分考虑目标实施的可行性，既要能够激发孩子的学习潜力，又要让孩子能够完成目标。因为对于孩子来说，目标能够完成就会让孩子体会到成功的过程，而一个无法完成的目标只能给孩子带来挫败感。

4. 目标要循序渐进

俗话说：“滴水穿石，非一日之功；冰冻三尺，非一日之寒。”孩子的学习也是一样，是慢慢积累的过程，不可能一口吃个胖子。所以，在帮助孩子制定学习目标的时候，父母要懂得循序渐进，先从小的目标开始，逐渐地增加高度。同时，一个大的目标也是无数个小目标的组合，父母要懂得把小目标溶解到大目标当中，要让孩子从小目标中逐渐树立自信，然后才能够一步步地完成大的目标。

比如，孩子想要在期末考试的时候取得班级前十的成绩，那么，父母在帮助孩子制定学习目标的时候可以先从每个学科开始：首先语文取得前十的成绩，其次数学取得前十的成绩，再次英语取得前十的成绩……或者期中考试先取得前二十的成绩等。

5. 多鼓励，多坚持

孩子的性格还没有成型，意志力往往不是那么坚定，在向目标前进的过程中一旦遇到困难很容易出现退缩或者放弃念头。

很多父母反映，孩子开始学习的时候劲头很足，学习目标也非常明确，各个学科成绩也都很好。但是，慢慢地，学科之间就会出现差异，不是语文越来越差，就是数学越来越差，然后综合成绩越来越差，最后，孩子干脆就放弃了自己原来定的学习目标，甚至开始抱着无所谓或者得过且过的态度学习。遇到这种情况，父母要及时发现、多鼓励，要让孩子懂得“胜败乃兵家常事”的道理，同时要让孩子树立“坚持就会胜利”的观念。

总之，孩子的学习是一个知识逐渐积累的过程，在制定明确的学习目标的时候一定要做到科学、合理，要让孩子一天比一天进步、一天比一天有信心。同时，明确的学习目标要让孩子养成良好的学习习惯，树立积极的学习态度。

保证合理的睡眠时间

“不能输在起跑线上”几乎成了现在很多父母奉行的真理，父母的竞争意识过早地灌输给了孩子。在这个真理的压力下，父母对孩子的学习提出了更高、更多的要求。“不写完作业不准睡觉。”“坚持一会儿写完再睡。”“多坚持一下，周末就可以好好休息了。”这些话几乎成了很多父母在孩子睡觉前的“童话故事”，表面看是对孩子意志力的一种锻炼，其中却隐藏着一个非常大的危害，就是导致孩子睡眠不足。

科学研究发现：儿童睡眠不足除了容易出现发育缓慢、注意力不集中、记忆力减退、思维迟钝等身体和智力发育不良的情况外，还容易造成儿童情绪低落、烦躁易怒、焦虑紧张、抑郁孤独等心理健康疾病的概率增加。

1. 发育不良

孩子的身高除了由父母的基因决定以外，还受到体内生长激素的影响。而睡眠是影响生长激素分泌的最大原因，睡眠充足则生长激素分泌充分，孩子的生长发育就良好，个头高、身体好；相反，孩子长期睡眠不足会导致身高低于同龄儿童。

研究发现，对于孩子来说，夜间是生长激素分泌的高峰期，充足的睡眠是孩子身体发育的最大保障之一。

2. 智力降低

长期的睡眠不足会影响孩子脑细胞的发育，使孩子的大脑得不到充分的休息，甚至导致大脑内部受到永久性损坏。大量的试验表明，充足的睡眠能够保证孩子大脑得到正常的发育；相反，长期睡眠不足就容易使孩子的大脑发育受阻，抑制孩子的智力发育，最直观的结果是学习成绩下降。

3. 免疫力低下

很多父母抱怨孩子容易生病、抵抗力差，其实除了外部环境的影响外，睡眠不足非常容易导致其免疫力低下。大部分孩子的视力低下、肥胖、容易感冒等都是由于睡眠不足、免疫力低下而导致的。

美国一位科学家通过研究发现：人在睡眠时，体内会产生一种人体保护物质，是人体免疫机制的主要组成部分，它可以有效地预防和击退疾病的传染和进攻。

4. 注意力不集中和记忆力低下

相较于大人来说，孩子的记忆力和注意力相对比较集中，但是，我们会发现很多这样的现象：孩子写着作业不知道思绪飞到哪里去了，刚收起来的书本不知道放在哪里了……而这种现象往往是发生在孩子非常疲劳或者睡眠不足的情况下。

同时，科学研究表明：当人体处在困倦或者没有得到良好睡眠的情况下，大脑神经细胞就会失去可塑性，无法形成记忆所需要的神经突触，进而导致记忆力低下；相反，充足的睡眠有助于加强大脑的神经突触的连接，从而巩固记忆。

德国吕贝克大学做过一个关于睡眠与记忆力的测试。把语言学习能力相同的十名高中生分为两组，每组五名学生。研究之初，让这两组学生同时记住相同的英语和德语单词。

然后，实验人员要求第一组高中生当晚不准睡觉，第二组高中生正常睡眠。

48 小时后，实验者再次测试发现，当晚没有睡眠的那组高中生的平均遗忘率高达 15%，而正常睡眠的另一组的高中生平均遗忘率接近 0。

5. 心理疾病的增加

美国创伤后应激障碍中心的科学家研究发现：长期睡眠不足与情绪障碍、焦虑障碍、双向情感障碍、抑郁症之间存在显著关联。

儿童心理学家表示，长期睡眠不足或者长期夜间晚睡的孩子比正常睡眠的孩子更容易被激怒、自控能力差、武力倾向严重，出现抑郁症和精神错乱的概率也相应增加。

合理的睡眠能够保证孩子良好的身体发育和心理健康，而睡眠不足又会给孩子的身心健康带来不可逆转的伤害。那么，父母在日常生活中如何保证孩子合理的睡眠呢？

1. 营造良好的睡眠环境

良好的睡眠环境是孩子快速、优质睡眠的保障。到睡眠时间，父母应该在保证孩子房间空气新鲜、通畅以及温度和光线适中的同时，保持房间的安静。

很多家庭会出现这种情况，孩子到了睡觉点，父母还在看电视、打游戏，并且一边打游戏、看电视一边嚷嚷着让孩子赶紧睡觉去。

2. 养成良好的睡眠习惯和时间

养成早睡早起、定时的睡眠习惯对于孩子的身心健康有促进作用。科学家给出合理的睡眠时间如下：新生儿（0 ～ 3 个月），每天睡眠时间 14 ～ 17 个小时；婴儿（4 ～ 11 个月），每天睡眠时间 12 ～ 17 个小时；幼儿（1 ～ 3 岁），每天睡眠时间 11 ～ 14 个小时；学龄前儿童（3 ～ 6 岁），每天睡眠时间 10 ～ 12 个小时；小学生（7 ～ 12 岁）每天睡眠时间 9 ～ 11 个小时；中学生（13 ～ 18 岁）每天睡眠时间 8 ～ 10 个小时。

同时，父母要培养孩子养成睡午觉的习惯。在夜间正常睡眠的基础上，1 个小时左右的午睡对孩子身心状态的恢复以及记忆的巩固能起到非常好的促进作用。

3. 帮助孩子养成高效的学习习惯

在学习压力较大的情况下，特别是对于中学生，要想保证孩子的合理睡眠时间，首先要帮助孩子养成高效的学习习惯。

首先，高效的学习习惯能够帮助孩子找到高效的学习方法，从一定程度上相当于减轻了孩子的学习负担。

其次，高效的学习习惯有利于培养孩子的学习兴趣。学习兴趣的培养有利于孩子注意力的集中，能够在一定程度上提高孩子的学习效率。

最后，高效的学习习惯能够帮助孩子培养制订计划的能力。按照计划一步步地实施是高效学习的效率保证。只有孩子制订好了什么时间干什么、达到什么要求，孩子的学习效率才能够得到提高。

每天吸收一点厚德知识

习惯成自然，自然成性格。孩子的教育不是一朝一夕就能够完成的，无论是知识还是性格都是不断积累的过程，持之以恒的坚持是非常重要的。同样，一个厚德高效的孩子也不是一朝一夕能够培养出来的。

1. 把厚德教育融入日常生活

“教育即生活”，要想培养一个厚德高效的孩子，父母要坚持从日常生活中点点滴滴着手对孩子进行厚德教育，让孩子每天吸收一点厚德知识，日积月累才能养成厚德的性格和习惯。

其实，生活中的很多小事都是很好的厚德教育素材。比如，在孩子取得某项成功的时候夸夸他，教孩子学会肯定和赞美；当孩子遇到困难的时候帮帮他，教孩子学会帮助别人；家里有老人的，和孩子一起照顾老人，教孩子孝敬老人；家人做错事的时候给予改错的机会，教孩子学会宽容……

2. 用心观察，抓准时机

日常的生活中，有很多兼具教育意义的事情发生，这些都是父母对孩子进行厚德高效教育的良好契机。

比如，父母和孩子一块出门，当遇到别人需要帮助的时候，父母就可以主动去帮助别人，通过自己的行为教育孩子养成帮助别人的品德；在过马路的时候要等绿灯亮，教孩子遵守规则……

同时，在孩子犯错误的时候，父母不应该怒形于色地指责孩子，如果当时没有很好的教育契机，就应该留心记住这一点，在后面的生活中用心观察，重新寻找教育时机。

我的一个学员曾经分享过她的一次成功抓住时机对孩子进行厚德教育的案例。有一次，她陪儿子到书店去买辅导资料，买完辅导资料回来的路上途经一个儿童玩具店，儿子闹着要买玩具，但是她没同意，没想到一向懂礼貌的儿子出口说了句脏话。

当时她非常生气，就问儿子从哪儿学来的脏话，不知道说脏话是不礼貌的行为吗。谁知，儿子辩解道："上次爸爸要买手表，妈妈没给他买，他不也说脏话了吗？妈妈当时并没有告诉爸爸说脏话是不对的啊。"她竟然哑口无言，都不知道如何回答了。她当时没有找到有效的教育方法，只能忍住了揍儿子的冲动。

过了一段时间，儿子生日的时候，她给儿子买回了上次没有买的那个玩具。儿子收到心仪已久的玩具，非常懂礼貌地对她说："谢谢妈妈！"

听到儿子这声礼貌的谢谢，她认为这是个纠正儿子上次不懂礼貌说脏话的机会。她说："你真是个懂礼貌的好孩子。"然后，她告诉儿子，懂得感恩是良好的品德，一个懂礼貌的孩子是会得到别人的肯定和表扬的。但是，一个不懂礼貌的孩子是不会得到别人肯定的，就比如爱说脏话的人会让别人感觉到没有修养、不值得交往。

随之，她又给儿子讲了几个懂礼貌的故事。儿子听完后对她说："妈妈，以后我再也不讲脏话了。如果爸爸再讲脏话，我也会阻止的。"从那以后，儿子再也没有讲过脏话，并且也帮助爸爸改掉了讲脏话的坏习惯。

她说，她事后非常庆幸自己没有在儿子开始犯错误的时候采用粗暴的方式解决，而是通过用心观察、寻找机会进行正面引导。

3. 持续不断地引导

坚持是一种良好的品质，也是培养厚德高效的孩子的重要因素。一个人的性格和德行是通过一天天慢慢积累形成的。父母在培养孩子厚德高效的时候，要有耐心，坚持自己以身作则的同时，也要给孩子思考和接受的空间，同时要给孩子养成厚德高效习惯的实践。

俗话说："不积跬步，无以至千里；不积小流，无以成江海。"培养厚德高效的孩子也要从小事开始，持续不断地进行引导。

宋非是公司的高管，由于工作的原因，生活作息非常不准时。受到宋非的影响，儿子也生活懒散，不仅生活没有规律，还非常贪睡。在儿子小的时候，宋非并没有在意孩子的这种不好习气，但是，随着儿子年龄的增长，她发现儿子不仅生活懒散，在做事情的时候也缺乏意志。

认识到事情的严重后，宋非决定帮助儿子培养良好的生活习惯和坚强的意志。她给儿子讲了司马光警枕励志的故事，她告诉儿子，司马光小的时候也非常贪睡，还经常受到老师责骂和同学的嘲笑。有一天，司马光通过老师的教诲，意识到了贪睡不是好习惯，就决心改掉。但是，由于多年养成了贪睡的习气，司马光一时很难改掉。为了改掉贪睡的毛病，他想到了一个办法，用圆木头做了一个枕头，早上翻身就会因为头滑落枕头而惊醒。从此，他就坚持早起读书，最后终于成为历史上非常著名的文学家。

宋非给儿子讲完故事后，也和儿子共同制订了一个早睡早起的计划，每次儿子坚持不下去的时候就拿司马光的故事教育儿子。通过一年多持续不断地拿司马光的故事教育儿子，儿子不仅改掉了生活懒散的毛病，而且做事情也越来越专注、用心，即使遇到困难也能够坚持下去。

生活中发生的点点滴滴的小事，具有直观、形象和真实的特点，易于激发孩子真实的情感，同时也更容易被孩子学习和模仿。父母应该从日常生活的小事出发，抓住时机、坚持不懈地对孩子进行厚德高效培养。

先自学，再虚心求教

自学能力是指一个人独立思考、主动学习的能力。自学能力是一种主观能动性的体现，它是衡量一个人可持续发展的重要因素。

自学能力不仅是孩子掌握知识技能的基础，还是孩子主动追求进步的需要。一个具有自学能力的孩子，在学习的过程中，不仅能够掌握浅显、表面的基础知识，还会积极主动地探索更加深入的知识技能，会让学习过程变得趣味无穷。同时，自学能力也是孩子进取精神的体现，可以帮助孩子在未来的人生中时刻充满激情地去面对工作和生活。

诺贝尔物理学奖获得者、中国科学院外籍院士丁肇中认为，要想培养一个厚德高效的孩子，不要教死知识，要授之以方法，打开孩子的思路，培养他们的自学能力。

丁肇中出生于 1936 年，由于当时正处在中国水深火热的抗战时期，他的童年教育几乎是由父母在家里教授的，直到读中学才接受了系统、正规的学校教育。

丁肇中的父母都是大学的老师，在丁肇中童年时期都非常注重孩子的自学能力培养。虽然小学几乎没有接受过学校教育，但是在他 13 岁的时候还是以优异的成绩考入台北市成功中学，并且一年后转入建国中学学习。

此后，丁肇中的自学能力充分发挥了作用，先后考入国立成功大学、美国密歇根大学。由于具备良好的自学能力，丁肇中在大学期间就能够打破书本的局限去理解、探索物理现象，大学毕业后顺利地获得了数学、物理学硕士学位和博士学位。

他曾说："作为一个科学家，最重要的是不断探寻教科书之外的事物。"正是这样的自学信念和能力才成就了世界著名实验物理学家丁肇中。

从世界著名实验物理学家丁肇中的身上，我们可以看到自学能力对于一个孩子的重要性。那么，作为新时代的父母该如何培养孩子的自学能力呢？

1. 培养孩子良好的时间观念

良好的时间观念是培养孩子自学能力的保障，也是高效学习的首要前提。美国著名的成功学家希尔曾这样评价时间：时间是人们活在这个世界唯一的资本，生命的过程其实就是拿自己的时间去交换自己的东西。也就是说，一个人的成就跟自己可支配换取自己得到的东西的时间的多少是成正比的。

所以，帮助孩子养成良好的时间观念是培养厚德高效孩子的自学能力的第一步。时间观念的培养是从小开始，逐步养成习惯的。父母在孩子幼儿的时候就应该着手培养，比如，规定孩子的作息时间，几点睡觉、几点起床、几点做游戏、几点散步……

当孩子进入到小学阶段以后，父母帮助孩子保持遵守作息时间的同时，要开始着重培养合理规划学习时间。比如，父母帮助孩子规划阅读时间，从什么时间段读什么书到一个时间段读规定字数的书；帮助孩子规划作业时间，每项作业的完成时间；帮助孩子规划娱乐时间，固定某一时间段为孩子的游戏时间……

制定切实可行的作息时间表，是父母帮助孩子培养良好时间观念的有效方法。当然，在制定作息时间表的时候，要从孩子的实际情况出发，既要科学又要让孩子乐于接受。

2. 培养孩子学习以目标为导向的能力

以目标为导向的学习，既能培养孩子做计划的习惯，又能培养孩子的进取心和上进心。一个以目标为导向、具有自学能力的孩子，知道自己首先该干什么，其次该干什么，最后该什么，会逐渐地养成按照轻重缓急完成事情的习惯。

同时，随着一个个目标的达到，孩子在体验成功的喜悦的同时，也培养了不断追求更高、更大的目标的兴趣。当然，在帮助孩子培养以目标为导向的学习能力的时候，既要遵循从易到难、从小到大的原则，又要遵循从孩子意愿出发的原则。

3. 培养孩子高效阅读的习惯

阅读是孩子获取知识最基本的途径，也是培养孩子自学能力的主要途径。一个高效、良好的阅读习惯能够帮助孩子开发思维、拓宽眼界，同时也能够帮助孩子找到学习发展的方向。

培养孩子高效阅读的习惯要从大量的阅读开始，让孩子在学习书本知识之外，尽量地多接触一些有益的课外书籍。在阅读大量资料的同时，父母要帮助孩子找出有效阅读的方式方法，并且陪着孩子坚持练习。

4. 尊重孩子，多给孩子自主空间

中国传统的教育方式是“填鸭式”的教育，由父母或者老师教授知识，然后孩子再死记硬背地记住知识。不可否认，帮助孩子多掌握点知识、多学点本领的出发点是没有错的，但是问题的关键是注重“填鸭式”的教育方式并不是孩子主观意愿去接受的。

中国人民教育家、思想家陶行知认为，培养厚德高效的孩子，要解放孩子的空间，父母要给孩子创造一个宽松、开放、积极的学习环境。也就是说，父母对孩子教育的过程中，要从孩子的思想出发，既要给孩子一定的引导和帮助，也要给孩子一个敢于怀疑、敢于实践、敢于创造的空间，让孩子在学习之外培

养一定的兴趣、爱好。

总之，孩子自学能力的培养和父母的教育态度有很大关系，一个过于保护、不舍放手的教育环境是无法培养出厚德高效孩子的自学能力的。另外，培养孩子的自学能力不是一蹴而就的，坚持不懈同样是重中之重。

转换视角，学会对比和选择

从教育的本质来说，教育是让孩子通过学习、锻炼，得到知识的增长，发现自我、挖掘潜能，树立正确的人生观、价值观、世界观，未来做一个对家庭、社会有用的人。而孩子正确思想品德的树立和能力的培养正是孩子在选择中不断发现自我、唤醒潜能的过程。

牛顿是因为选择了追究苹果落地的根源，才发现了举世闻名的万有引力；居里夫妇因为选择了放弃自己的利益，才能让科学发现造福人类；鲁迅选择了弃医从文，才奠定了中华民族新文化的方向……也正是他们的选择才成就了他们辉煌的人生，被历史所铭记。

可以说，学会选择不仅是一种人生的态度，还是一种能力。它能帮助孩子养成良好的性格、树立正确的价值观。那么，父母应该通过哪些方面来培养孩子学会选择的能力呢？

1. 不要拒绝孩子的选择

父母作为成年人，生活中积累了很多的经验：知道什么东西是对孩子有利的，什么东西是对孩子有害的。所以，当孩子选择父母认为有害的东西的时候，大多数的父母会直接拒绝，抹杀掉孩子锻炼选择能力的机会。

可是，父母的经历和经验不是孩子的，父母拒绝孩子一次选择就等于抹杀了他的那一次经历和经验。对于孩子来说，那些父母认为有害的东西在他们的观念中还没有形成，他们选择去要是由他们的主动学习和探索的天性决定的。而如果父母不给孩子这种选择的机会，久而久之孩子就会失去主动性，形成不敢主动追求、容易退缩的性格。

有位学员跟我分享过这样一个案例：她有一个4岁的孩子，现在动手能力非常差，每次想要某样东西或者想要做某件事情的时候，总是会先跑到她的面前问：妈妈，我可以吃这个吗？妈妈，我可以吃那个吗？妈妈，你就让我吃这个好不好，我就吃一点点？妈妈，我可以不可以玩一会儿这个，我就玩一小会儿……很多时候，孩子在玩游戏或者吃东西的时候都非常警觉，哪怕她悄悄地走过去都能被孩子发现，然后孩子会非常紧张地用询问的眼神看着她。

现在，作为妈妈的她非常困惑，孩子无论做什么事情都显得非常没自信、没主见，而且，在遇到困难的时候，孩子表现出来的大多是退缩。

通过后面的谈话，我才知道，她是个全职妈妈，每天的生活除了孩子还是孩子。在孩子成长的过程中，她每天都过得非常小心翼翼，生怕孩子冻着、饿着、磕着、碰着。所以，她会事先把所有对孩子不利的事情想到前面，即使孩子偶尔做出一次选择都会遭到她的拒绝。

上述案例中孩子出现的懦弱、退缩、不自信的行为肯定不是父母想要看到的。所以，作为父母，不要拒绝哪怕一次孩子选择的机会，因为无论选择的对错都是他们的一次成长。

2. 给孩子的选择要具体

在给孩子选择机会的时候，父母要做到选择要具体、清晰，让孩子能够直观地看到选择，要让孩子有可比性。

作为父母都有过这样的经历，孩子经常会想要根本就不需要的东西，或者去做危险的事情，这个时候，大多数的父母出于敷衍等原因会给予孩子另外一个选择，希望让孩子停止想要做的事情。但是，父母不知道，孩子的心智还不成熟，每一次欺骗都会在孩子幼小的心灵上留下一道伤疤，对孩子性格的形成非常不利。

例如，当孩子洗完澡后想要在澡盆里多玩一会儿，但是父母还有其他的事情要做，而如果独自留孩子自己在澡盆里容易出现危险，所以，父母就会告诉孩子，如果他放弃在澡盆里玩耍，就带他玩别的游戏或者给他好吃的东西作为奖励。这时，父母的出发点只是让孩子走出澡盆，在给孩子选择的时候手中空空无物。

这个时候就需要孩子发挥想象力去幻想接下来的选择是什么，而由于孩子的想象力丰富，往往幻想出来的选择和父母给予的结果有着很大的冲突。事后，孩子在失望的同时，就会认为父母给予的选择也只是父母的选择而已，并不是他想要的选择。

但是，如果这个时候父母拿着实实在在的东西让孩子选择，比如拿两块饼干，孩子选择了就说明这两块饼干就是孩子想要的，无论事后孩子是失望还是喜悦，都是他自己的选择，都是他自己的责任。

3. 给孩子选择时，注意沟通

沟通在孩子的选择过程中是非常重要的，一方面，它能够让父母和孩子之间减少很多的隔阂；另一方面，孩子在选择的时候父母给予的建议也能够得到孩子的理解。

很多时候，孩子在索要某样东西时，父母都会衡量这样东西是不是值得去买。但是对于孩子来说，他们没有值得不值得的概念，拥有是他唯一的想法。这个时候，很多父母就会直接拒绝，这个不行，那个不行。久而久之，孩子和父母之间就会在观念上面产生很大的差异，容易产生隔阂。

但是，如果父母在孩子的选择不正确的时候，能够心平气和、耐心地和孩子讲解拒绝的理由以及询问孩子为什么选择的想法，那么，父母就会让孩子和父母的观念保持一致。同时，在和孩子沟通的过程中，如果产生观念的不一致，也可以通过再协商一个选择出来达到新观念的一致。

4. 多分享、多鼓励

对于孩子来说，与人分享比独自享用更能够让他们感受到幸福。在孩子每一次选择结束后，父母要鼓励孩子去分享他为什么选择以及选择后给了他什么收获。这样做的好处有两点：如果孩子的选择是正确的，他的分享和父母的鼓励会让他对以后的选择更有信心；如果孩子的选择是错误的，他的分享和父母的鼓励会让他认识错误，进而改正错误，在以后的选择中会避免同类的错误发生。

5. 换位思考

让孩子学会选择，父母要从尊重孩子出发，换位思考，站在孩子的角度去思考孩子的选择是什么原因。同时也要让孩子学会转换视角，从不同的角度去认识自己的选择，最后从不同的角度去分析选择给自己带来的收获。

养成归纳的习惯，将书读薄

所谓的归纳，是指通过对学习的知识进行总结、思考，从中找出一般性概念、原则或结论。归纳是孩子学习过程中接收和运用之间的环节，也是学习过程中最核心的环节。

归纳不仅能够培养孩子高效学习的习惯、节约学习时间，还能够帮助孩子发散思维、训练逻辑等。同时，归纳还能够帮助孩子锻炼主动思考、分析、推理问题的能力，它是孩子通过学习发现规律的有效途径，并且能够让孩子在独立解决问题的过程中获得成就感和学习的乐趣。

1. 帮助孩子了解归纳

孩子的归纳能力是通过父母帮助其不断的练习锻炼出来的。特别是幼儿期的孩子，他们大都对世界充满好奇，会经常问：这是什么？那是什么？为什么？这个时候正是培养孩子归纳能力的时机，父母要有耐心、有计划地对他们的问题进行解答，甚至在合适的时候要积极地创造条件培养孩子的归纳能力。

例如，孩子平时看到鸡、鸭的时候，父母不能简单地告诉他这是鸡、那是鸭，而是要同时告诉他，鸡、鸭都是动物，同属于家禽；当孩子看到各种各样的鱼的时候，要告诉他这是什么鱼、那是什么鱼，同时还要告诉他，这些鱼也是动物，同属于鱼类……通过一些日常生活中常见的事物的归纳，孩子能够在潜意识中告诉自己在看到事物表面的同时要挖掘事物的更深层次的本质和规律。父母对孩子这样坚持不懈地培养，久而久之，孩子就能初步了解什么叫归纳。

我有一个朋友为了让孩子学会归纳能力而想到了一个非常好的办法。他告诉我，他们家每到周末都要开一次家庭会议。这个家庭会议的内容就是，一家人分享一下本周都发生了什么，每个人发表一下对发生事情的看法和建议等。

他说，开始的时候，孩子根本就不知道该怎么讲，说话语无伦次，甚至两件或者几件事情穿插着讲，一会儿讲这件事情、一会儿讲那件事情。到最后，孩子自己都不知道自己讲了什么。而且，当谈到对发生事情的看法和建议的时候，孩子总是询问妈妈该怎么讲。

但是，经过大概两年的训练，孩子的归纳能力得到了很大的提升。现在，每次开家庭会议，孩子都是自告奋勇第一个分享，分享内容的时候也逐渐的条理清晰了，对事情的看法也开始有了自己的主见，虽然有时候他的建议非常具有戏剧性、不可思议。

这位朋友还告诉我，经过归纳训练，孩子不仅交流能力得到了提高，钻研和主动探索的积极性也提高了。有时候，孩子对一些事物的看法甚至让我们都非常惊讶。他说，归纳训练除了能够有效地锻炼孩子的能力外，还可以帮助父母随时掌握孩子的学习和思想状况。

2. 帮助孩子培养大量阅读的习惯

当进入小学和中学阶段以后，孩子已经掌握了初步的归纳能力，这个阶段就需要对孩子进行更高层次归纳能力的培养。

而大量的阅读不仅能够让孩子掌握更多的知识，也是孩子归纳能力提升的最好方法。著名作家高尔基曾说："书籍是人类进步的阶梯。"古人也说："读万卷书，行万里路。"

培养孩子大量阅读的习惯越早越好，而且贵在坚持，同时要营造读书的氛围。比如，全家人规定每天睡觉前一个小时为固定阅读时间等。当然，父母也要结合孩子各个年龄段的特点，有针对性地引导孩子，循序渐进地帮助孩子养成习惯的同时，也要适当地把握孩子的阅读方向和阅读书籍的种类。

3. 帮助孩子培养做读书笔记的习惯

俗话说："好记性不如烂笔头。"读书笔记能够帮助孩子加深对知识的理解，同时，做读书笔记除了是对知识的梳理外，更重要的是加深对读书的体会和对书中知识的理解。

所以，孩子每读完一本书，父母都应该引导孩子对书中的内容进行归纳，梳理出书中重点内容的同时，要把自己的感悟整理出来。

当然，培养做读书笔记的习惯，父母也要根据孩子的不同年龄段，分阶段、循序渐进地进行培养。比如，在低年级阶段，孩子阅读的都是故事型的书籍，由于孩子的书写能力非常差，父母可以通过让孩子口头复述的方法进行分享。然后，父母再和孩子分享一下自己对这个故事的看法，引导孩子也学会对自己的阅读进行思想、感受的归纳。而对于高年级的孩子，他们已经具备了一定的写作、分析能力，父母就要在孩子口头分享阅读内容和感受的同时提出更高的要求，要孩子养成用笔记录读后感的习惯。这个时候，父母就要教给孩子一些简单的做读书笔记的方法，引导孩子有条理地记录自己的读书笔记。

父母在帮助孩子养成归纳习惯的时候，除了帮助孩子了解归纳、培养阅读和做读书笔记的习惯外，还要注重对孩子语言组织能力的培养，要让孩子在能读、能写的同时还要能说出来。

多动手实践，永不做旁观者

当一个孩子做出一个漂亮的东西的时候，人们常夸他“心灵手巧”。“十指连着脑，心灵需手巧”，说明孩子的动手实践能力和他的聪明程度有着密切的关系。

苏联著名教育学家苏霍姆林斯基曾说：“手和脑之间有着千丝万缕的联系，手使脑得到发展，使它更明智；脑使手得到发展，使它变成思维的工具和镜子。”

现在，很多父母却忽略了对孩子动手实践能力的培养，而是把精力都放在了对孩子的智力和知识的培养上面，认为孩子的功课任务重、压力大，把和孩子学习无关的需要动手的事情都揽到了自己的身上。殊不知，父母的这种行为不仅让孩子缺乏生活自理能力，还让孩子失去了把学到的理论付诸行动的机会。孩子学到的知识不能得到实践，久而久之就会缺乏动手实践的勇气和能力。现实中，由于父母剥夺孩子小时候的动手实践机会，导致孩子长大缺乏动手实践能力、眼高手低、高分低能的事例比比皆是。

所以，培养厚德高效的孩子同样不能轻视对孩子动手实践能力的培养。

1. 端正态度，敢于放手

大部分动手实践能力差的孩子，并不是从小就懒惰，而是在父母的过分保护下渐渐丧失了动手实践的欲望。

现在的父母，对待孩子可谓是关心备至，含在嘴里怕化了，捧在手里怕掉了。“宝宝，小心别碰伤了，妈妈来做。”“宝贝乖，谢谢你，妈妈自己做就行了。”“等一下，我来帮你做。”“这儿不需要你，去做作业去。”“除了作业，其他的事情都不用你做。”这样的情境每个家庭每天都在上演着，甚至有的父母还把孩子的动手实践欲望理解成逃避学习、逃避做作业。其实，孩子渴望获得知识的同时也希望通过自己的双手去验证自己的疑问。而父母过分保护的态度，往往在剥夺孩子动手实践能力的同时，还限制了孩子敢于怀疑、主动思考的能力。

所以，父母要端正自己的态度，动手实践也是一种学习，不要大包大揽地帮助孩子处理需要动手的事务，要给孩子去尝试、去验证的机会。对于孩子做得不好或者失败的地方，父母要多给予鼓励，让孩子逐渐养成敢于动手实践的习惯，进而培养他们的动手实践能力。在这个过程中，父母唯一要做的只是给孩子多一点正确的引导，让孩子逐渐掌握动手实践的方法和技巧。

2. 为孩子创造动手实践的机会

由于孩子的知识、经验都比较欠缺，体验生活的机会也较少，父母要帮助孩子创造动手实践的机会。

首先，在生活中，凡是孩子能力所及的事情都让孩子自己去做。比如，父母放手让孩子自己去刷牙、吃饭、上厕所、穿衣服、洗衣服、收拾房间、整理衣物，帮助父母做一些洗碗、拖地等力所能及的家务……

其次，和孩子一起做手工也是锻炼孩子动手实践能力的方法。比如，父母和孩子一起玩剪纸，用一些废旧的生活用品制作玩具等，不仅能够锻炼孩子的动手实践能力，还能够通过废物利用培养孩子的节约精神。

最后，引导孩子敢于怀疑，允许孩子搞破坏。事实证明，很多科学家小时候都是一个调皮、爱搞破坏的孩子。所以，父母应该允许孩子在思考、怀疑的前提下，对现有的事物重新进行规划，甚至拆装破坏。

美国汽车大王亨利·福特从小就被老师认为是个不爱学习的孩子。但是，福特的父母却发现了福特喜欢研究、爱动手实践的天赋，于是就引导福特朝着动手实践的方向发展。

在福特刚满12岁的时候，父母就支持其建立了自己的实验室，允许福特做一些喜欢的研究。而福特不负众望，在15岁的时候就研究、创造了一台内燃机。

由于动手实践能力强，福特在33岁的时候就发明创造出了世界上第一辆汽车。后来，福特创建了自己的公司，这家公司后来成为世界最大的汽车公司。因此，福特本人被人们尊称为“汽车大王”。

可以说，正是父母给予的动手实践机会才让被老师认为不爱学习的福特成为世界著名的汽车工程师、企业家。

当然，父母培养孩子的动手实践能力，在帮助孩子创造动手实践机会的同时，也要从孩子的性格、年龄等特点出发，注意以下两个方面：

（1）动手实践机会要符合孩子的年龄特点。

不同年龄阶段的孩子，他们对手的运用的熟练程度不同，思考、创造能力不同，这就需要父母创造的动手实践机会要因时而异。

在孩子幼儿时期，父母可以开始放手让孩子自己去刷牙、吃饭、上厕所、穿衣服等，在这个阶段，父母还可以把孩子的动手实践与游戏结合起来，要从孩子的兴趣和能力出发来培养孩子的动手实践能力。

在儿童阶段，父母可以让孩子自己整理书包、收拾房间、整理衣物等。在这个阶段，父母可以让孩子在学习之外帮助父母做一些洗碗、拖地等力所能及的家务。当然，儿童阶段的孩子是树立自信心的阶段，父母要从孩子的心理需求出发安排孩子动手实践的机会。

少年阶段，正是孩子形成自己人格和认知的时候，也是孩子寻找人生发展方向和目标的时候。在这一阶段，父母创造动手实践机会，要多与孩子的未来人生联系在一起。

（2） 动手实践机会要注意孩子的性格。

每个孩子都拥有不同的性格，有的孩子性子急躁，有的孩子性情温和；有的孩子喜欢表达，有的孩子喜欢思考……所以，父母创造的动手实践机会要与孩子的性格相关联，比如，对性子急躁的孩子，父母要掌握动手实践的度，不能让孩子反感甚至厌恶。

总之，动手实践能力也是孩子学习能力的一种，一个厚德高效的孩子，在拥有丰富知识的同时，也必然掌握动手实践能力。

直面失败，勇于挑战

失败被人们定义为是负面的词语，但是，很多失败并不是一件坏事，失败给人带来打击的同时更能让人认识到自己的不足、懂得珍惜成功。失败可以使人一蹶不振，也可以让人斗志昂扬，主要看什么样的人面对失败。一个积极、乐观、勇敢、坚强的人只会把失败看作一次挑战，会迎面而上，越挫越勇；而一个消极、悲观、胆小、懦弱的人则会把失败看作人生的终点。

爱迪生发明灯泡的过程正是对失败是一次挑战的诠释。在他尝试1000多种材料，试验8000多次仍然失败的时候，有人打击道："你已经失败了8000多次了，成功的希望渺茫，还是放弃吧。"

但是，积极乐观的爱迪生充满自信地告诉他："我只不过是证明了1000多种材料不适合做灯丝，这也是一种收获。"

爱迪生自信、勇敢面对失败的精神，终于让他经过多次失败以后取得了成功，发明了灯泡。

试想一下，如果爱迪生是一个消极、悲观、胆小、懦弱的人，会有灯泡的问世吗？甚至都不会有8000多次的试验，可能第二次或者第三次他就放弃了。爱迪生发明灯泡的故事告诉我们，失败并不可怕，可怕的是输不起、不敢面对失败。

从儿童心理学来讲，孩子“输不起”是一种正常现象。孩子“不愿输”“不想输”的想法也不是什么坏事。无论什么事，孩子总是希望自己能够做好，得到别人的认可。

但是，“不能输”“输不起”的想法却是非常可怕的。世界上没有不遇到失败、挫折的人，同样也没有父母希望自己的孩子像项羽一样“自刎乌江”，遇到失败、挫折就选择放弃，或者从此一蹶不振。

所以，在家庭教育中，父母要锻炼孩子养成良好的性格，多鼓励、少批评，让孩子养成敢于面对失败、勇于挑战失败的精神。

1. 去完美主义思想

世间没有任何事情是完美无缺的，所有事情都有两面性。而完美主义的思想是让人追求完美。所以，完美主义者更容易在失败、挫折面前一蹶不振、无法自拔。

在英国，无论是家庭还是学校，都会对孩子进行去完美主义思想教育。英国人常把“给孩子失败的机会”挂在嘴边，在日常生活中，父母在孩子遇到失败的时候，往往会鼓励孩子再挑战一次。甚至有的时候，父母会故意给孩子制造一些很难实现的挑战，以此来去除完美主义思想，告诉孩子失败是不可避免的，也是可以接受的。

儿童心理学家告诉我们：孩子在面临失败的时候并不会像父母认为的悲观抵抗，相反，失败和成功一样都会让孩子变得更加执着，更加强大。如果父母不去灌输失败的后果多么多么可怕的想法，对于孩子来说，他们会认为失败和成功一样只是一个过程，最终都只是他们人生的一种体验，给他们的人生添加乐趣而已。

所以，父母在教育孩子的时候，要告诉他们失败是一种正常现象，是人生必然的经历。父母要在潜意识中告诉孩子，失败和成功一样都是一种收获。

2. 培养孩子良好心态

一个能够正视失败、坦然面对失败的孩子，最主要是因为他拥有良好的心态。所以，父母在教育孩子的过程中，培养孩子积极、乐观的良好心态非常重要。

培养孩子良好的心态，首先，要帮助孩子树立自信。一个充满自信的人，无论做任何事情都会积极、主动地去争取，即使遇到失败、挫折，也会乐观地去面对，并且积极、主动地吸取失败的教训，坚定不移地向着成功前进。

其次，教会孩子如何缓解负面情绪。孩子遇到失败的挫折感往往来自父母的影响。平时，孩子做错事情或者做得不好的时候，有的父母是通过鼓励让孩子重拾信心，而有的父母则是通过消极的手段打击孩子的积极性。比如，当孩子不能很好地完成某件事情的时候，消极的父母往往会说“做啥啥不行、吃啥啥没够，你就不是个成才的料”“连这都不会，你干脆笨死算了”等。经过这样的打击，孩子就会潜意识地认为失败只能得到打击和否定。相反，如果父母是用积极的态度鼓励孩子去面对失败，总结教训，战胜失败，那么孩子则会认为失败也不过如此，只不过是走向成功的一个小小的绊脚石而已。

最后，告诉孩子父母是他坚强的后盾。很多孩子“不能输”“输不起”的原因不是因为对失败本身多么恐惧，而是因为父母没有给予坚强的支持。没有人愿意独自面对失败的打击和失落，如果当孩子处在失败的自责中，父母能够给予一个坚强的臂膀、温暖的怀抱，孩子肯定可以很快从失败的阴影中走出来，重新振作起来。

最重要的一点是，父母在帮助孩子直面失败、总结教训的时候，要给予孩子足够的宽容和爱。这个时候，父母要充分表现出自己的责任，让孩子从父母对待自己失败的行为中也学会责任，让孩子体会到宽容和爱的同时心中也充满爱。

周期性复习，把握学习的节奏

孔子曰："学而时习之，不亦说乎？" 在学习的过程中，进行周期性的复习无疑是提高学习效率最有效的手段。一个善于复习的人不但能够巩固已经掌握的知识，还往往能够学到其他人无法学到的知识。而且，复习还能使孩子把已经学习过的知识融会贯通，真正为我所用。因此，在提高孩子学习效率方面，父母要有意识地培养孩子进行周期性复习的习惯，帮助孩子把握学习的节奏。

1. 合理规划复习时间

德国心理学家艾宾浩斯研究发现，遗忘会在人学习之后立即开始，而且遗忘的进程会随着时间的推移逐渐减缓。也就说，孩子在刚刚学完的那段时间里，遗忘是最快的，越往后遗忘得也就越慢。根据艾宾浩斯记忆遗忘曲线显示，人在刚刚学完的时候记忆量为 100%，20 分钟后记忆量就只剩下 58% 左右，1 小时后记忆量会降至 44% 左右，8 ～ 9 个小时后记忆量只有 35% 左右，1 天后的记忆量为 33% 左右，2 天后的记忆量为 27% 左右，6 天后的记忆量为 25% 左右。从以上这些数据我们可以发现，在刚刚学完知识的 20 分钟之内，是遗忘最快的时间段，而学完 2 天后和 6 天后的记忆量实际上差别并不大。也就是说，如果孩子在刚刚学完的 20 分钟之内，最迟 1 天之内完成第一次复习，那么接下来无论是 2 天之后复习还是 6 天之后复习效果都是一样的。

因此，父母应该督促孩子在学完新的知识之后及时复习，最好是在 20 分钟之内完成复习，以使所学的知识得到最有效的巩固。同时，为了强化复习的效果，父母还应该帮助孩子合理规划复习时间，制订一个复习计划表。比如，每天放学写家庭作业之前，先把当天所学的内容复习一遍；每个周末再把当周所学的知识进行融会贯通、系统性复习。

根据艾宾浩斯记忆遗忘曲线，我们可以得到八个最佳记忆周期：

第一个记忆周期：5 分钟。

第二个记忆周期：30 分钟。

第三个记忆周期：12 小时。

第四个记忆周期：1 天。

第五个记忆周期：2 天。

第六个记忆周期：4 天。

第七个记忆周期：7 天。

第八个记忆周期：15 天。

如果父母能够根据这八个记忆周期来规划孩子的复习时间，将会取得事半功倍的效果。当然，还要结合孩子的实际情况以及学习进度，合理安排复习时间，并不一定要严格按照这八个周期来规划。过于频繁的复习，不但会加重孩子的学习负担，还会使孩子因为厌烦而降低复习效果。但是，从记忆周期来看，对于每一个所学的知识，孩子最少要复习三次：第一次是刚刚学完的 5 ～ 30 分钟，尽可能地减少遗忘；第二次是在学完后的 2 ～ 4 天内，对已有的记忆量进行巩固、强化；第三次是在学完后的 15 天内，将所学知识的短期记忆转化为长期记忆。

2. 运用恰当的复习技巧

缺少技巧性的复习，只是机械性的重复，必然会大大降低复习的效果。父母应该教给孩子一些高效复习的技巧和方法，使孩子能够在复习的时候事半功倍，真正将所学知识转化为自身的能力。

技巧一：阅读、背诵、做练习。这是复习的最基本方法，也是最有效的技巧。尤其是在短期记忆周期内，对所学知识反复阅读、背诵或者通过做练习的方式加强、巩固，可以使记忆更加深刻。至于具体是选择阅读还是背诵，抑或是做练习，要根据孩子的不同习惯以及所学知识的类型来确定。有的孩子喜欢阅读、背诵，复习的时候就可以将重点放在对所学知识的默读、朗读或者背诵上；有的孩子喜欢做练习，复习的时候就可以通过做一些习题来强化记忆。而不同的知识类型，适用的复习方法也会有所不同。比如，语文的诗词，就必须不断地阅读复习才能真正记住；而对于数学的一些算式、公式，则必须在各种习题的复习练习中加深理解、灵活运用。

技巧二：睡前复习法。即让孩子在每天睡觉之前尽可能地回忆所学知识，对于能够回忆出来的知识就可以暂时不再复习，而对于回忆不起来的知识就要加强复习的力度。睡前复习法虽然看似比较零散，仅仅是每天睡觉之前对过去所学知识进行回忆，却是极好的总结性复习方法。如果能够结合知识点进行运用，效果会很好。比如，把过去所学的所有知识点都写下来，贴在床头，每天睡觉之前回忆一个知识点，很容易就记起的就画上对钩，只能回忆一点或者完全想不起来的就画上叉，提醒自己对这个知识点要加强复习。

技巧三：思维导图复习法。即在学完一个系统的知识之后，比如学完一个完整的单元，通过画思维导图的方式进行条理化、系统化的复习。这种复习方法不仅有利于将所有知识点串联起来，还有助于各知识点之间的融会贯通。

技巧四：纠错复习法。这种复习方法主要是针对过去没有掌握的知识点进行快速、高效的复习，非常适用于考试前的突击复习。但是，要采用纠错复习法，首先必须对过去的错题进行收集、整理，最好是每个学科、每个知识点建立一个错题集。这样有利于考前突击复习的时候，在最短时间使复习效果最大化。

3. 让孩子保持良好的复习状态

良好的复习状态将大大提升孩子复习的效果。父母要在孩子复习之前帮助孩子消除不良情绪，摒除一切可能影响孩子注意力的事情，让孩子集中注意力进入到复习状态中。当孩子出现疲惫状态时，要让孩子暂时休息，进行适当的活动，做到劳逸结合。但是，要注意孩子休息的方式最好是四处走走、看看，放松一下筋骨和眼睛。对于有可能引起孩子分心的事情，比如看电视、玩手机、和其他小朋友玩耍等，在复习中间休息的时候，都要坚决杜绝。当然，如果是复习已经结束，就不必刻意强求孩子不能看电视、玩手机了。

当孩子在复习过程中遇到困难时，父母要及时给予鼓励，并引导孩子直面困难、积极寻找解决困难的办法。对于孩子为了解决困难付出的努力、取得的进步，父母都要及时给予肯定和称赞，以鼓励孩子继续前行。

需要强调的是，任何时候，父母都不要在孩子复习时施加压力，不要对孩子说“好好复习，明天考个第一名回来”“你还有这么多知识点不会，不好好复习能考好吗”“今天不把这个单元的知识点全部背下来，就不许睡觉”等类似的话语，以免孩子因为心理压力过大而影响复习的效果。

第五章

厚德高效培养第三步：规范行为，激励执行

没有规矩，不成方圆。孩子要成长为一个厚德高效的人，离不开规范和限制。作为父母，应该为孩子制定一些行为规范，对孩子的品德、行为做出一定的限制。尤其是对于幼儿来说，他们的“三观”还尚未形成，如果父母不及时规范他们的行为，任由其肆无忌惮地成长，则很有可能会受到一些不良思想和行为的影响，从而养成不好的习惯。等孩子长大以后，再想改就很难了。当然，规范孩子的行为也要有一定的“度”，不要让孩子感觉到被束缚。同时，还要激励执行，而不是强迫执行。所以，培养厚德高效孩子的第三步是：规范行为，激励执行。

肯定具体的好表现，为孩子标界

很多父母在表扬孩子良好表现的时候，一般都会说“你真乖”“你真棒”“你真聪明”“你真漂亮”……而且这样的表扬语言，父母几乎运用到孩子所有的良好行为表现中。

场景一：当孩子画了一幅自认为非常漂亮的画拿到妈妈面前：“妈妈，妈妈，你看我画的画。”妈妈看了一眼：“你真棒！”

场景二：当孩子取得优异的成绩，老师发了一张奖状，孩子拿到妈妈的面前：“妈妈，看看我的奖状。”妈妈也是看了一眼：“你真棒！”

场景三：当孩子第一次懂得关心妈妈，母亲节给妈妈做了一个手工送给妈妈：“妈妈，这是我送给你的母亲节礼物。”妈妈拿过来：“你真棒！”

看完上面案例，你有没有感觉到哪个地方别扭，但是又说不出来具体哪个地方别扭。那么，我们来继续看下面几个场景。

场景四：当孩子画了一幅自认为非常漂亮的画拿到妈妈面前：“妈妈，妈妈，你看我画的画。”妈妈仔细看了一下孩子的作品，指着上面的一朵小花说：“这幅画真漂亮，尤其这朵黄色的小花最漂亮。宝宝真是个心灵手巧的好孩子。”

场景五：当孩子取得优异的成绩，老师发了一张奖状，孩子拿到妈妈的面前："妈妈，看看我的奖状。"妈妈拿过奖状，把上面的文字读了一遍，微笑着对孩子说："这是宝宝拿到的第一张奖状，上面夸奖宝宝做了一件帮助小朋友的好事。宝宝知道帮助别人了，你做得真对！"

场景六：当孩子第一次懂得关心妈妈，母亲节给妈妈做了一个手工送给妈妈："妈妈，这是我送给你的母亲节礼物。"妈妈接过孩子的礼物："这是妈妈收到的最漂亮的礼物，这朵用彩纸叠的花就跟真的一样。宝宝知道关心妈妈了，谢谢宝宝！"

从上面的场景四与场景一的对比、场景五与场景二的对比、场景六与场景三的对比，我想这样就能够找到场景一、二、三中到底哪里别扭了。

场景一、二、三中，妈妈的表扬都只是用了"你真棒"来表达，先不说有没有敷衍的成分，最起码让人听起来很空洞。孩子听了以后只能泛泛地理解自己"真棒"，但不知道"棒"在哪里。

而场景四、五、六中，妈妈的表扬指出了孩子到底"棒"在哪里，让孩子能够非常直观地找到自己的表现为什么得到了妈妈的表扬，具体哪些行为得到了表扬。

从上面的对比，我们可以看出不一样的表扬方式给孩子的心理带来的感受是不相同的，对孩子具体良好行为的表扬能够帮助孩子直接理解自己是哪方面得到了肯定，孩子会知道自己以后什么样的行为能够得到肯定，渐渐地就有了正确的行为规范。

那么，父母在肯定孩子良好表现的时候，以什么样的方式表扬孩子才能起到更好的行为规范效果呢?

1. 表扬孩子的行为过程

从心理学角度来讲，人们总是喜欢重复那些受到肯定的行为。儿童的心态也是相同的。

对孩子的表扬是为了更好地规范他的行为准则，让其养成良好的行为习惯。

所以，在表扬孩子的时候，要以塑造孩子的良好行为准则为目的，让孩子知道什么样的行为是对的、什么样的行为是错的，针对孩子的行为过程进行表扬，而不是表扬孩子本身或者孩子的行为结果。

如果从孩子本身出发对孩子进行表扬，孩子会错误地认为自己就是最棒的、最聪明的，而不会去思考自己哪些行为是最棒的。这就会让孩子养成自负、浮夸的不良性格，对孩子的自我价值实现和抗失败、挫折的能力有着非常大的不良影响。

如果从行为结果出发对孩子进行表扬，孩子就会过多地追求结果而忽略过程，对孩子的性格形成和行为规范不利。比如，孩子做对了一件事情或取得了很好的成绩，父母直接来一句"你做得真好"，而孩子付出非常大的努力却没能取得好的成绩的时候，父母就会冷眼相对、打击讽刺。那么，孩子从心理上就会认为过程并不重要，即使自己非常努力，也取得了一些成绩，也都是没有用的。久而久之，孩子就会养成以结果为取向的行为准则，成年以后甚至可以为了结果不择手段。

2. 表扬要真诚，切忌敷衍了事

大多数的家长都知道对孩子的表扬有利于孩子树立良好的行为准则，具有培养孩子分辨是非，树立正确价值观的作用。但是，由于各种各样的原因，在孩子需要得到鼓励的时候，父母只是机械性地敷衍。

其实，父母不知道，有时候没有任何感情的表扬还不如批评更能够让孩子接受。儿童心理学医生告诉我们：父母表扬孩子的态度和语气甚至比表扬的内容更重要。孩子非常敏感，即使是哪怕一次的虚伪都会让孩子对父母的表扬不再信任。

所以，父母的表扬一定要真诚、发自内心，要以实事求是的态度，认真对待孩子的每一次良好表现。

3. 适当的物质奖励

对于孩子的良好表现，父母在给予肯定和认可的同时，适当的物质奖励可以起到催化的作用，会加深孩子对自己良好行为的认识。

适当的物质奖励可以帮助父母让孩子认识到他的每一次付出都有回报。当然，父母给孩子的物质奖励不是告诉他“付出多少就有多少回报”，仅仅是让他认识到付出比不付出得到的更多。所以，父母给孩子物质奖励的时候一定要掌握“适当”的原则，不能以价值贵重、数量多少为衡量标准，只要能让孩子感受到父母的期望和爱就行。

总之，父母在表扬孩子的时候要从孩子的行为过程出发，尽量避免让孩子因为表扬变得自负、娇纵。

帮孩子改掉拖拉磨蹭的坏毛病

很多家长反映，孩子做事特别磨蹭，无论是起床还是做作业都慢慢悠悠、拖拖拉拉的。而且大多数的孩子在家长的催促下不仅没有改掉拖拉磨蹭的坏毛病，依然我行我素，甚至像是挑战家长似的越来越磨蹭。

大多数父母都知道，孩子拖拉磨蹭的坏毛病一旦养成，对未来的生活、工作都会带来非常大的阻力，会直接影响到孩子未来的发展。所以，作为父母，帮助孩子改掉拖拉磨蹭的坏毛病是责任，也是必须完成的义务。

那么，如何帮助孩子改掉拖拉磨蹭的坏毛病呢？父母不能一味地批评、惩罚孩子，而是要找到原因和方法。

1. 找到孩子拖拉磨蹭的原因

为什么孩子有拖拉磨蹭的坏毛病？作为父母，我们先问自己几个问题：我们自己有没有拖延症？比如，衣服堆了一大堆才洗、屋子乱到没下脚地才收拾、工作拖到最后加班加点等。我们是不是经常打断孩子？在孩子专心致志地看电视、玩游戏、写作业的时候，有没有一会儿叫他喝水、一会儿叫他吃东西、一会儿让他帮自己拿这拿那等。我们是不是经常批评孩子磨蹭？你真慢！你太磨蹭了！你就不能快点？再这样磨蹭，下次就不要做了！

如果父母有以上这些或者类似的行为，那么，孩子拖拉磨蹭的坏毛病的原因就找到了：

※ 受到父母拖拉磨蹭毛病的影响。

※ 父母经常打断孩子，让孩子没有养成专注做事的习惯。

※ 父母的批评、惩罚比鼓励多，没有给孩子改掉坏毛病的信心。

※ 父母认为孩子小，不舍得放手，使孩子缺乏自己动手的机会。

※ 父母一味地催促，没有让孩子自己体会到拖拉磨蹭的后果，以及改掉拖拉磨蹭毛病的好处。

有一次我和朋友谈话，当涉及孩子的拖拉磨蹭问题时，朋友可谓是滔滔不绝，列出了很多孩子的拖拉行为：早上起床穿衣服要半个小时、吃饭一个小时、上个卫生间半个小时、一个小时的作业要做三个小时……

我就问朋友："有没有想过，孩子为什么会有拖拉磨蹭的毛病？"

朋友非常诧异地反问我："这不是天生的性格使然吗？他就是慢性子。"

我没有直接反驳朋友的话，而是岔开话题。我说："你平常不迟到的，今天怎么来那么晚？"朋友故作气愤地说："今天媳妇要去参加她一个朋友的聚会，我来之前非要让我帮她参考穿什么衣服，选衣服选了一个多小时。"

朋友说完，我又换了一个话题："你刚才去卫生间的途中遇到熟人了吗？我看了一下时间，整整四十分钟。"朋友想了一下："有那么长时间吗？我平时上卫生间都是这么长时间的啊。"

当我还想和朋友聊下去的时候，朋友就已经意识到哪些地方不对了，就问我："今天聊天怎么老是关于我的？而且你还那么多问题。"

我心想："就等你问这句话呢。"然后我跟朋友说："我问的问题是在帮你找孩子拖拉磨蹭的原因呢。"朋友一听，恍然大悟："我知道了，孩子拖拉磨蹭的毛病是跟我们学的。"

2. 有针对性地找出帮助孩子改掉拖拉磨蹭的方法

从孩子自己的心理出发，他们也不愿意做事情拖拉磨蹭，也不愿意被父母批评，自尊和自信受到打击。但是，孩子的意志力还不够坚定，往往他们想的和做到的得不到统一。所以，这个时候，孩子就需要父母的帮助。作为父母，应该做到以下几点。

（1）以身作则，父母先改正。

人们常说，孩子就像是父母的影子，父母怎么做他就会学着怎么做。所以，父母首先要改掉自己身上拖拉磨蹭的毛病，让孩子看到自己的决心，给孩子树立改掉拖拉磨蹭毛病的信心。比如，换下的脏衣服及时清洗，按时收拾房间，缩短上卫生间的时间……

（2）帮孩子培养专注力。

孩子的注意力非常容易转移，特别是在受到外界环境影响的时候。比如前面我们说的，孩子看电视、做作业的时候被父母打断，就会让孩子产生抵抗情绪，而这种情绪需要一定的时间去调节才能再次专注到打断前的活动中。如果父母经常性地打断孩子，孩子就会在做事情的时候时刻保持被打断的心态，就很难在做事情的时候集中注意力。

所以，父母在帮助孩子培养专注力的时候就首先要从杜绝打断孩子开始，然后做一些针对性的专注力练习。背诵是锻炼孩子专注力非常好的方法，比如，经常和孩子一起背儿歌、诗词、简单的加减法口诀，既能让孩子学到知识，也能锻炼孩子的专注力，或者是和孩子做一些简单的时间比赛也是锻炼孩子专注力的方法。

（3）给孩子设定期限。

父母帮助孩子设定做事的期限，是因为孩子开始是没有时间概念的，他们不知道什么叫浪费时间。

给孩子设定期限其实就是制定规则，告诉孩子什么时间段做什么事情。比如，针对孩子写作业拖拉磨蹭的毛病，父母可以规定孩子写完作业后才可以玩游戏，而且写作业的时间是一个小时，玩游戏的时间也是一个小时，如果作业写了一个半小时，那么玩游戏的时间就只能有半个小时了。

（4）让孩子体会一下拖拉磨蹭的后果。

对于孩子来说，没有体验他们就不会形成意识。比如，孩子没摔倒过就学不会走路。

所以，父母帮助孩子改掉拖拉磨蹭的坏毛病也可以从让孩子体验到拖拉磨蹭的后果着手，让孩子亲身体验，让他们主动改变。

有一个学员和我分享了一个成功的案例：他的孩子做作业非常拖拉，放学回家吃饭后，一个小时的作业能够从七点写到十点，有的时候甚至能写到十二点，非常影响睡眠。

为此，他采用了很多种方法，批评、鼓励等方法都用过，但是效果甚微。后来，他大胆地尝试了一种方法：到了九点以后就不准孩子再写作业了，即使孩子不睡觉去玩也可以。由于多次没有写完作业，孩子在学校受到了老师的批评。这个方法实施没过多久，孩子自己就改掉了写作业拖拉磨蹭的毛病，一个小时的作业从三个小时慢慢地缩减到两个小时，最后一个小时也能完成了。

（5）多鼓励，少催促。

鼓励是激发孩子内在动力的最有效的方法。很多时候，父母的催促对孩子的作用非常小，大多数时候会引起孩子的反抗和不满。那么，何不试试多一些鼓励呢？

比如，孩子今天写作业用了一个小时五十分钟，昨天用了两个小时，那么，这就是进步，虽然这样的进步远远没有达到一个小时完成作业的目标，但是父母如果利用好这十分钟的进步给予孩子肯定和鼓励，那么，孩子就会积极地向着再减少十分钟的方向去努力，慢慢地就能够达到预期目标。

最后，父母在利用以上方法帮助孩子改掉拖拉磨蹭毛病的同时，还要给予孩子耐心和空间，让孩子从内心中主动去改变是最好的结果。

不带情绪，客观纠正孩子的行为

当孩子出现不良行为的时候，很多父母都能够做到及时的制止，但是要想让孩子从心里接受父母的纠正就不是一件简单的事情了。

一般来说，大多数的父母都知道纠正孩子不良行为要注重方式方法，要让孩子主动承认错误、主动纠正错误。但是，当孩子出现不良行为，父母往往还是会说一些带有情绪的话语。比如，“再不听话，就把你扔出去”“下次再离家出走，就把你的腿打断”“如果再骂人，就把你的嘴撕烂”“跟你说过多少遍了，没有长脑子吗”……甚至，有的父母在孩子出现不良行为的时候直接使用武力。其实，父母这样做不是在帮助孩子改正不良行为，而只是在发泄自己的情绪而已。

可是，大量的事实证明，父母带有个人情绪的做法并不能帮助孩子纠正不良行为，甚至有的过激做法还会让孩子出现叛逆心理。

那么，父母从客观的角度来纠正孩子的行为，需要掌握哪些原则和方法呢？

1. 溺爱有度，不要相信“等孩子长大了就好了”

有的父母太过于尊重孩子的天性，认为孩子犯错误是不可避免的，现在出现不良行为，等孩子长大了、懂事了，他们的不良行为自己就改掉了。

也有的父母抱着这样的观念，孩子还不懂事、没长性，即使现在告诉他做得不对，纠正了他的不良行为，孩子很快就会忘了，等到长大了、懂事了，自己就改掉了，或者到那时再纠正也不迟。

可是，父母应该认识到这样一个情况：孩子越小，可塑性就越强。如果父母一味地抱持“等孩子长大了就好了”的想法，就很可能错失了成功纠正孩子不良行为、帮助孩子拥有良好行为的时机。

《易经·蒙卦》中说“蒙以养正，圣功也”，就是说，在孩子还蒙昧无知的时候，及时教育培养孩子良好的行为习惯，才是培养厚德高效孩子的正确做法。孩子就像一张白纸，一旦出现败笔，及时擦掉才能成就一幅好画。

2. 一事一议，不要翻旧账，要以理服人

“你就改不掉了是吧？上次……再上次……不长脑子吗？再这样，我……”想必经常采取这样喋喋不休、命令的方式纠正孩子不良行为的父母也不在少数。依我看，这种方式不是在纠正孩子的不良行为，更像是在发泄父母恨铁不成钢的愤怒和失望。这种情况下，孩子在反感的同时，会认为自己确实做不好，甚至自暴自弃。

作为父母，要记住一点：即使孩子的不良行为经常出现，也不要给孩子下定论。对于孩子经常犯同样的错误，父母要耐心地帮助孩子分析这种不良行为的影响，跟他讲解自己以前出现这种行为是如何改掉的，而不是通过翻旧账夸大孩子的错误。

比如，孩子一旦受了委屈就偷偷地躲在角落里，通过不让父母找到来表示反抗，甚至是离家出走。可以说，这是一种非常不好的行为，很容易养成孩子不敢面对挫折、容易逃避的性格。针对孩子不能很好控制自己的情绪而做出的不良行为，父母就更不能用“这都多少次了，还有完没完？你也就这点出息了”等情绪化的语言来打击孩子，以图纠正孩子的错误，而是要教给孩子一些发泄情绪的方法，绝对不能一棍子打死地告诉孩子他没有出息。

彤彤有很多的芭比娃娃，每一个都非常漂亮。但是，当彤彤看到别的小朋友手中拿着芭比娃娃，就会想要把它据为己有，对方不给，她就会哭闹，甚至去抢夺。

彤彤的妈妈非常讨厌孩子的这种行为，感觉非常丢人，每次遇到这样的情况就会非常严厉地呵斥彤彤，而且絮絮叨叨地没完没了："跟你说过多少次了，抢夺别人的东西是不对的，你怎么就不明白呢？你的芭比娃娃都那么多了，怎么总是看着别人的东西好？自己的芭比娃娃扔到一边不玩，把别人的东西当宝贝似的，真没出息！下次别想让我再给你买玩具了，你就抢别人的去好了……"

可是，对于妈妈的这种毫无花样的批评，彤彤每次都是以一种无所谓的态度对待，依然我行我素，甚至这种不良行为有增无减。

3. 要有耐心，不可操之过急

"下次再这样，我就……"很多父母在孩子出现不良行为的时候，往往是站在一种主宰者的位置上来命令孩子纠正错误，似乎是想要让孩子做到令行禁止。

其实，孩子大多数的不良行为是需要父母冷处理的，给孩子时间比强迫孩子更有作用。孩子的心智本来就没有发育成熟，对事物缺少耐心，父母再以一种不耐烦的态度去纠正孩子的态度，结果肯定是适得其反的。

比如，当孩子对某件事情失去耐心发脾气的时候，父母纠正无效的时候也失去耐心而对孩子大吼大叫、责骂恐吓，甚至对孩子拳打脚踢，即使孩子当时停止了发脾气也是被吓住了，等孩子冷静下来的时候就不会去反思自己的错误，而是去回忆父母暴跳如雷的情景。

相反，在孩子发脾气的时候，如果父母冷静地观察，既不阻止也不安抚，或者干脆离开，给孩子一个发泄的空间，等孩子情绪稳定下来的时候，再心平气和地与他进行沟通、教育，孩子无形中就会受到父母行为的影响，慢慢地改掉乱发脾气的毛病。

4. 父母态度、言行一致，并坚持原则

在中国，人们想要别人屈服于自己的做法一般都是遵循“胡萝卜加大棒”的原则。在家庭教育中，很多的父母也非常推崇“一个唱白脸，一个唱红脸”的教育原则。

对于纠正孩子的不良行为，如果父母之间一个唱红脸，一个唱白脸，很容易让孩子认知混乱，在对与错之间纠结。这样，父母的行为本身就是错误的，不仅会让孩子养成犯错也有人护着的侥幸心理，也会让孩子在纠结对与错的斗争中养成不易分辨是非的懦弱性格。

但是，如果父母的态度一致，并且坚决执行纠正孩子不良行为的决定，就会让孩子认识到“哭闹”“撒泼”“撒娇”“耍无赖”等逃避态度都不是解决问题的方法，只有勇敢地面对、坚决改正才能解决问题。同时，父母之间的言行一致也能给孩子树立诚实守信、说一不二的好榜样。

所以，在纠正孩子不良行为的时候，父母既不能存在“等孩子长大了就好了”的错误等待心理，也不能咄咄逼人、令行禁止，不给孩子改正的时间和空间，而是要主动地多沟通、讲道理。同时，父母还要让孩子看到自己帮助孩子改正不良行为的态度和决心。

施展语言魔法，让孩子快乐改正

语言是人们进行沟通交流的主要表达方式，积极的语言能够让人们在沟通交流的时候心情愉悦且乐于接受。

从心理学角度来说，我们的行为是受意识和潜意识支配的，其中意识控制我们的短期行为，潜意识控制我们的长期行为。奥地利著名心理学家西格蒙得·弗洛伊德认为：人的行为习惯95%以上受制于潜意识的控制。也就是说，潜意识中储存我们的行为准则，并决定我们的行为习惯。而语言作为最主要的沟通方式，可以说是形成潜意识的主要途径。

当父母的积极语言反复出现在孩子耳边的时候，这些积极的语言就会被孩子的潜意识所接纳，形成潜意识准则，然后孩子的潜意识就会控制孩子去执行积极语言表达的内容，从而影响孩子主动地改正、规范自己的行为。

1. 掌握语言技巧，多用正面、积极的语言去引导孩子

《弟子规》中说："道人善，即是善；人知之，愈思勉。"意思是说，如果一个人的良好行为得到别人的认可和赞扬，被经常地宣扬、传颂，那么，他就会不断勉励自己、有意识地去让这个良好行为坚持下去。

从人们的心理上来说，肯定、鼓励等积极语言会让人心情愉悦，而否定、指责、贬低、恐吓等消极的语言则会让人心情低落。

在对孩子的教育中也是同样的道理，父母的批评、否定、恐吓、贬低等消极语言会使孩子情绪低落，甚至反抗、叛逆，严重的则会自暴自弃。比如，“你真懒”“你真没出息”“怎么不长记性”“你没长脑子吗”“这么不听话，不要你了”……当孩子听到这些消极语言的时候，孩子的潜意识就会认为自己就是“懒”，就是“没出息”，就是“不长记性”，就是“没长脑子”，就是“不听话”，然后就会按照“懒”“没出息”“不长记性”“没长脑子”“不听话”的方向发展，他们会认为反正我都这样了，改不改都无所谓了。

相反，如果父母采用积极的语言对孩子进行教育，即使孩子犯了错误，孩子也不会觉得自己一无是处，而是以一种积极向上、乐观的态度去改正。比如，你可以做得更好“你以后肯定有出息”“你要吸取教训”“你要努力做个 × ×”“你可以更听话”“妈妈相信你可以改正”……这些积极、正面的语言可以让孩子以一种乐于接受的心态去重新认识自己的错误，充满信心地去向着父母的积极语言发展。

父母在教育孩子时，多用积极、正面的语言的同时，还要注意使用的积极、正面语言要直接、简洁，切记不要说夸大其词、绕弯子的话。即使父母说的都是肯定、鼓励的话，如果啰啰唆唆、弯弯绕绕，说了半天孩子不知道什么意思，那么孩子就会产生不耐烦的心理，最后有可能没有效果甚至适得其反。所以，父母在教育孩子时，要直接告诉他该怎么做，如何做。比如，孩子有赖床的习惯，你应该直接告诉他“乖宝，七点半了，快起床”，而不要啰啰唆唆地说“都快八点了，一会还要刷牙、洗脸、吃饭，再不起床就迟到了，宝宝最听话了，乖，来妈妈帮你穿衣服……”

2. 注重语言的重复法则

父母帮助孩子规范行为不是一朝一夕就能够做到的，同样，父母在利用积极语言引导孩子的时候也需要不断地激励、重复。

从心理学上来说，任何的行为和思维，只要不断地重复，它就会不断地加强。中国自古教育都注重重复，“温故而知新”“书读百遍，其义自见”等都表明重复是非常有效的一种教育手段。同样，重复法则也是父母教育孩子规范行为的一种非常行之有效的方法。

例如，孩子做事不认真，父母希望孩子改掉这个毛病，或者孩子做事已经很认真了，父母希望孩子保持下去，养成做事认真的习惯，这时父母就需要抓住一切机会不断地重复“你是一个认真的孩子”这句话，来暗示孩子可以改掉不认真的毛病，养成认真的习惯。

3. 用语言帮助孩子树立信念

语言还有一个魔力，就是能够帮助人们树立信念。很多父母认为，孩子年龄还小，很难树立信念。但是，很多人的成功都是因为父母在其儿时的一句话。

杰克·韦尔奇从小有口吃的毛病，很多人都嘲笑他将来一定找不到好的工作。由于杰克·韦尔奇说话不利索，玩伴都嫌和他沟通费劲，所以他就渐渐地被疏远了。孤独的杰克·韦尔奇心情非常沮丧，由于缺乏沟通，口吃的毛病越来越严重。他的母亲发现了儿子的自卑，想通过鼓励让他重拾信心，就对他说：“孩子，你的口吃是因为你的嘴巴无法跟上你聪明的脑袋的缘故。妈妈相信上帝绝对不会辜负如此聪明的杰克·韦尔奇。”

正是母亲鼓励的话语帮助杰克·韦尔奇树立了积极向上的信念，通过努力成为美国通用电气公司历史上最年轻的首席执行官。

杰克·韦尔奇在自传中写道：“每次当我的行为稍有越轨，她就一鞭子把我抽回来，但通常都是正面而且建设性的，还能促使我振作起来。她向来不说什么多余的话，总是那么坚决，我对她心服口服。”

杰克·韦尔奇的故事告诉我们：父母的积极语言是孩子树立信念的主要来源，它在很大程度上影响着孩子的命运，是孩子成功的力量源泉。

所以，父母一定重视自己的语言对孩子行为习惯的影响，可能仅仅是简单的一句话就能够决定孩子的行为模式。

用肢体动作表达你的接纳

在孩子很小的时候，父母拍拍手、微笑地看着孩子，孩子就知道父母是要抱抱他、在给予他爱；当孩子受到委屈的时候，父母把孩子抱在怀中、轻轻地拍拍后背，孩子就知道父母是在安慰他；当孩子犯错了，父母的一个眼神，孩子就能理解自己的行为是不对的……这些能够充分说明，父母的肢体动作甚至比言语更有魔力、更容易被孩子接纳。

人类学家告诉我们，孩子最开始的能力是通过模仿得来的，比如蹒跚学步。也就是说，孩子的很多行为都是通过从父母的行为中学习得来的。所以，父母的肢体动作是孩子接触父母的最早的沟通方式，也是父母最初使用的传递爱的方式。

同时，肢体动作一般是由人们的潜意识支配的，更能够表达人们的真实想法，不具有欺骗性。这也就决定了父母的肢体动作在孩子的成长中不可替代的作用，是父母向孩子传递信息最早的方式，也是最容易被孩子接纳的方式。

所以，在家庭教育中，培养厚德高效的孩子，在对孩子的行为进行规范时，父母的肢体动作有着非常重要的意义。

1. 多给孩子一些拥抱

心理学研究表明：经常得到父母拥抱的孩子的心理素质明显高于其他的孩子。在人际交往中，拥抱是友好的象征，同时也是对一个人的接纳和认同。

父母的拥抱代表肯定、认同、表扬的同时，还代表父母对待孩子是用一种打开心扉的心态，表明父母愿意和孩子进行无话不谈的沟通。人们常说，一个愿意把怀抱施与别人的人一定是一个开朗、正直的人。父母的怀抱在向孩子表明态度的同时，还在向孩子传递一种开朗、正直的能量。

从另一个角度来说，父母的怀抱是孩子最安全的港湾，在告诉孩子：无论遇到什么事情，父母都是你最坚强的后盾。所以，孩子能够从父母的怀抱中获得安全感，能够锻炼孩子坚强的性格，在遇到困难、挫折时勇敢面对。

一个学员找到我，说："老师，我的孩子今年都6岁了，但是见到人总是躲在我的身后，性格内向，很少与人沟通。"

我就问她："你的孩子有没有告诉你她为什么害怕，为什么不与人沟通？"

她告诉我："孩子说，她害怕。"然后，她就把孩子的具体情况、平常表现跟我沟通了一下。

我告诉她："你的孩子是因为缺乏安全感才导致的不爱说话、害怕陌生人。"然后，我告诉她回家多拥抱拥抱孩子，特别是在孩子怯懦、退缩的时候。

一段时间以后，她又找到了我："老师，非常感谢你，你教的方法太有用了。现在，我家孩子越来越勇敢，都能够主动与人沟通了。"

2. 多给孩子一些微笑

微笑是一种自信、愉悦的表达，微笑可以带来友好、认同。当你微笑地面对他人的时候，必然收获的是幸福和喜悦。

古希腊哲学家苏格拉底说："在世界上，除了阳光、空气、水和微笑，我们还需要什么呢？"微笑在人的生命中和阳光、空气、水具有同样的作用，阳光、空气和水滋润人的身体，微笑则抚慰人的心灵。

孩子来到这个世界，睁开眼睛看到的第一幅画面就是父母的微笑，这个微笑里包含了父母所有的爱和接纳。可以说，孩子是从父母的微笑开始去了解、探索、拥抱这个世界的。父母的第一个微笑让孩子知道了什么是爱。那么，既然微笑是爱的象征，父母何不把微笑贯穿孩子的整个成长历程，何不用微笑教育孩子呢？

父母的微笑是孩子心灵受伤时的良药，同时也是孩子心灵强大的鸡汤。孩子受到伤害时，父母的微笑会让孩子体会到什么是关心和爱护；孩子取得成功时，父母的微笑会让孩子懂得什么是肯定和赞扬；孩子遭遇失败时，父母的微笑可以帮助孩子重拾信心，找到坚强和勇气。

3. 肢体与言语协调一致

肢体与言语协调一致是指，父母的表情、动作等肢体动作要与口头语言保持一致，做到心口如一。

心理学家研究表明，当一个人的心里愤怒、痛苦的时候，他的表情如果还能够保持微笑，那么，只有两种可能：一种是这个人是虚伪的，另一种就是笑比哭还难看。

当我们发自内心地表扬一个人的时候，往往会配合微笑、点头等肢体动作；相反，当我们讨厌、否定一个人的时候，往往会配合摇头、摆手等肢体动作。但是，如果我们是在口中表扬一个人的时候，却配合的是摇头、摆手的动作，那么，这个人的感受肯定不会是被认同和肯定，相反会认为被讽刺和侮辱。

同样，父母教育孩子，和孩子沟通也是一样的道理。肯定、鼓励孩子的时候，父母要给予一个有力的拥抱、一个充满爱和关怀的微笑。相反，如果父母的言行不能做到一致，给孩子带去的感受会是截然相反的。

有这么一种非常怪异的现象：很多父母在孩子跌倒的时候，口中说着“自己爬起来”，但是身体却非常紧张，就像是一只冲刺前的猎豹，无论是眼神还是动作都做好了随时“出击”的准备。这个现象带来的结果大多是，孩子表情委屈、泪眼汪汪地等待父母的搀扶。

但是，那些用坚定眼神看着孩子并用肯定、鼓励的口气告诉孩子“自己爬起来”的父母，往往收获的是孩子的坚强和自信。

有研究表明：那些具有注意力集中、尊重他人、自信、诚信等优秀品格的孩子，父母在与其沟通的时候都能很好地掌握肢体动作与口头语言的协调一致，做到表里如一。

因此，在孩子的教育过程中，父母要善于利用肢体语言，掌握肢体语言的技巧，多给孩子一个拥抱、一个微笑……

建立孩子时间管理的能力

孩子的许多坏习惯都和缺乏时间管理能力有关。最为明显的就是我们前文提到的拖拉磨蹭等。而“没有时间观念”“不懂得抓紧时间”也几乎成为许多父母对孩子最大的抱怨。父母在这样抱怨孩子的时候，不妨反观一下自己是否“有时间观念”，是否“善于管理时间”。我敢说，有极大一部分父母自己对时间的概念非常模糊。也正因为如此，他们在教导孩子时，无法明确地告知孩子如何管理时间，帮助孩子建立高效的时间管理能力，而只是空洞地说教——快一点、抓紧时间、要迟到了……这些正确的“废话”往往让孩子陷入困惑和反感：我已经很快了，妈妈为什么还要催促？到底要怎样做才算是抓紧时间？我也知道要迟到了，但是怎么办呢？

所以，父母真正要做的并不是催促、指责孩子，而是建立孩子时间管理的能力。但是，这并不是一件容易的事。且不说绝大多数父母自己都缺乏时间观念，不知道如何管理时间，即使是时间管理能力很强的父母往往也不知道该如何把那些方法和技巧教给孩子。我认为建立孩子时间管理的能力可以遵循以下三个步骤。

1. 告诉孩子，什么是“时间”

教孩子管理时间应该从教孩子什么是“时间”，培养孩子的时间观念开始。只有知道了什么是“时间”，孩子才能去管理它。许多孩子之所以出现“没有时间观念”的情况，就是因为父母从来都没有告诉过他们什么是“时间”。许多父母觉得，孩子长大了自然就懂什么是时间了，不必刻意去教，更何况要和那么小的孩子说什么是时间也说不清楚。事实上，对时间的了解、感受的过程，就是培养孩子时间观念的过程。如果父母不能从孩子小的时候就开始做这件事，等孩子大了却让他“有时间观念”“抓紧时间”“合理规划时间”，这显然就像是让一个还没学会走的孩子去快跑，强人所难。

当然，教孩子认识时间并不是要像解释物理学概念那样，对时间进行非常科学、标准的解释，而是通过日常生活的点滴让孩子感受时间。比如，每天不同的时间通过打招呼：“早上好”“上午好”“中午好”“下午好”“晚上好”等，让孩子感受一天中不同时间段的变化。适当的时候，还可以和孩子一起通过观察日月交替的变化，并适时告诉他如何判断一天中的上午、下午和晚上。

当孩子对数字有了一定认识之后，父母就可以教孩子认识时钟，让他对时间有更直观的认识。带孩子观察时钟上指针的变化，让他感受一分钟有多长时间、一小时有多长时间。虽然孩子可能需要很长时间才会真的认识时钟，但他可以通过观察慢慢产生分钟、小时的时间概念。当孩子对时间有了初步的概念之后，父母在和孩子相处过程中，就要进行准确的“报时”。比如，我们9：00出发去超市，现在是8：40，你还可以看20分钟电视。然后，在9：00准时出发。在这个过程，孩子会因为时间和自己的利益切身相关而对时间重点关注，他会想知道什么时候到9：00，并且通过正在看的电视节目直接感受甚至判断出20分钟是多长时间。

此外，还可以在孩子做事之前进行时间限制。比如，给孩子读故事书之前，告诉孩子：“我们今天只读10分钟的故事。”然后明确告诉孩子从什么时候开始，到什么时候结束，并结合时钟，让孩子自己掌控这10分钟。如果10分钟到了，但是故事没有读完，可以告诉孩子："10分钟到了，但是我们的故事还没有读完，我们再推迟2分钟。"这样可以让孩子对于什么是开始，什么是结束，10分钟可以读多少故事，什么是推迟时间等有初步的认识。

久而久之，孩子们就逐渐学会珍惜时间，并意识到失去的时间是不能重现的。

当孩子对时间有了一定的认识后，我们就可以逐渐培养孩子在时间上的自律意识。我们可以在日常生活中经常和孩子约定做一件事的时间，比如玩电子游戏，可以约定从什么时间开始，玩到什么时间结束。

2. 让孩子理解时间的宝贵

当孩子对时间有了初步的认识，父母就要让孩子理解，时间是非常宝贵的，而且不受人力控制，一旦失去将永远不再拥有，所以要珍惜时间，不能浪费。对于每个人来说，每天都只有24小时，不同时间会有不同的安排，如果他在做一件事的时候不能高效利用时间，拖延了几十分钟甚至几个小时，那么他就要在别的事情上损失掉这几十分钟甚至几个小时。比如，孩子在写作业的时候边写边玩，就可以拿出闹钟提醒他："现在是7:00，我们的睡觉时间是几点？""9:00。""如果你在8:00写完作业，你在睡觉之前还可以看一个小时的电视。但如果你在8:30才写完作业，你就只能看半个小时的电视。如果你到9:00还没写完作业，你今天的看电视时间就没有了。"这样的确认，会让孩子自己体会到时间的价值，慢慢学会珍惜时间。

对于上小学以后的孩子，父母就可以通过讲道理、讲故事、做游戏的方式，让他体会到时间的意义。比如，和孩子一起玩"时间银行"的游戏，爸爸妈妈是"时间银行"的柜员，掌管着24小时，并且将写有不同时间的"钱"放在银行。然后，孩子做每件事都要从"时间银行"取"时间"。这个游戏可以在周末的某个一整天里进行，让孩子自由地对那一天的24小时进行"支取"，并且告诉孩子，一旦支取将永远不能再存进去了。让孩子理解时间不以个人的意志为转移，就像流水一样，永远不会再回来，所以在使用时一定要珍惜。游戏结束以后，还可以让孩子总结这一天他一共完成了哪些事情，哪些时间被浪费掉了。如果这些时间不被浪费掉，而是做一些其他事情，就会有更多的收获。

3. 让孩子做时间的主人

最让父母头疼的问题就是，孩子长大了即使认识时间并且了解时间的珍贵，还是会出现不会管理时间的情况。出现这样的问题，真的不能怪孩子，关键在于他们没有管理时间的动力。因为很多父母会习惯性地对孩子进行时间“管制”，导致孩子不能自主安排自己的时间。比如说，有的孩子在规定的时间高效地完成了作业，原本他想做一些自己喜欢做的事，却被父母要求“再做一张模拟试卷再去玩”。这种无法做自己时间主人、不能自由支配时间的无奈感，使他们干脆不再“高效”。反正提前写完作业也会被要求写试卷，还不如晚一点写完。这几乎是绝大多数被父母抱怨写作业“拖拉”的孩子的真实心声。

所以，父母要想让孩子真正学会管理时间，就要给他们充分的自由，让他们自己做自己时间的主人。让孩子自己做“时间表”，对自己一天的时间进行分配，在这个过程中，父母扮演的是辅导、辅助的角色，而不要过多干涉孩子对时间的支配权。一旦孩子能够按照自己的意愿去支配时间，他就会产生成就感和责任感，从而更愿意主动管理时间。

由于孩子的价值观还没有完全形成，对于孩子来说，玩游戏、看电视等要比写作业更有趣也更重要。所以，当父母给了孩子完全自由的时间支配权，很容易出现学习的时间被“挤”掉了的情况。这个时候，父母不要强行改变孩子的安排，而是要和孩子明确一个概念：每个人一天都只有 24 小时，同样的时间做不同的事情会产生不同的价值。所以，当孩子在对时间进行管理时，一定要想清楚自己要在这 24 小时中做哪些事情。

比如，当孩子完成“时间表”之后，父母可以引导孩子去评估：“时间表”

中哪些事情是必须要做的，哪些事情是自己不想做但不得不做的，哪些事情是自己想做并且喜欢做的，哪些事情是可以等等再做的，哪些事情是可以不做的。然后，让孩子用不同颜色的笔把这些事情分别标出来，并让孩子在实践中去体会、判断自己标得是否正确。比如，孩子很想完成一个手工作品，但是又不愿意牺牲每天晚上看电视、玩游戏的时间。于是，他就把写作业的时间分出半个小时用来做手工，结果导致每天的作业要么无法按时完成，要么质量不高。出现这样的结果，老师一定会批评他。这个时候，父母再引导孩子如何分出事情的“轻重缓急”，如何设定优先级，然后再对“时间表”进行调整。整个过程都要尽量让孩子自己去完成、去体验。只有真正成为时间的主人，孩子才能真正理解时间管理的意义。

当然，即使孩子已经有了一定的时间管理能力，父母也不能完全撒手不管，而应该扮演好监管的角色，督促孩子严格按照自己的“时间表”安排执行，高效利用时间，从而培养孩子养成时间管理的习惯。

不打扰孩子做好他喜欢的事

让孩子专注地做好他喜欢的事不受打扰，是培养孩子专注力的重要前提。很多父母都会抱怨孩子的专注力不高，做事情总是三心二意、有头无尾。其中的根本原因就在于，父母过多的爱与关心，反而使孩子没有自己完全独立的时间去专注地完成一件事。

有一次我去一个朋友家做客，他的儿子只有三岁，正在玩拼图。看起来，孩子玩得很专注、很认真。但是孩子的妈妈却总是不断地出现在孩子身边——宝贝，你要不要喝水？宝贝，你要不要吃苹果？宝贝，你要不要尿尿，别尿裤子上了？宝贝，你不要坐在地上那么久，太凉了，快起来……终于，在妈妈的打扰下，孩子最终还是没能完成那幅拼图。

孩子的专注力就在父母这些爱与关心中被破坏了，慢慢地，也就习惯了做事情的时候一会儿这样，一会儿那样，总是不能专注地做一件事。这也就是为什么很多孩子上小学之后，写作业的时候总是一会儿去厕所，一会儿吃东西，一会儿喝水……其实，孩子缺乏专注力都是父母"培养"出来的。

什么是专注力？是指一个人认真地专心于完成某一事物或活动时的心理状态。专注力是人的"十二情商"之一，对一个人是否能够高效做事有着最重要的影响，更是决定一个人能否有所成就的重要心理素质。

正所谓：“书痴者文必工，艺痴者技必良。”一个人一旦养成专注的习惯，有了强大的专注力，醉心于自己正在做的事，想不成功都难。因此，父母应该规范孩子做事的习惯，培养孩子的专注力。

要培养孩子的专注力，父母首先要明确一件事——孩子的“专注力”其实是与生俱来的。每个孩子对于自己喜欢的事都会100%甚至是1000%地投入。尤其是对于需要钻研的一些事情，他们其实比父母更懂得只有专注才能做好。比如我们在前面提到的那个孩子，他在玩拼图的时候，其实是非常专注的，甚至连我进门他都没有发现。但是他的父母却硬把他从拼图上“拉”出来，让他喊“叔叔好”。所以，孩子专注力不足一定是因为受到外界环境的过多打扰导致的。

1. 最多的打扰来自父母的“关爱”

许多父母总是对孩子“关爱”过度，总觉得孩子吃好、穿好一定比玩好更重要。于是，就出现了我们在前面提到的那样的情况。其实，这种情况在许多家庭中都非常普遍：

孩子在吃饭的时候，想要喝汤，爸爸说：“小心，别烫着。”妈妈给他夹一口菜送到嘴里。爷爷说：“多吃点！”最后，孩子都忘记自己刚才想吃什么了。

孩子专注玩耍的时候，父母在旁边，一会儿问“喝不喝水”“上不上厕所”，一会儿说“你应该……”试图“教”孩子怎么玩。最后，孩子对这件事根本没有再玩下去的兴趣了。

有时候，如果孩子因为专注于做自己的事而对父母的“关爱”无视或者敷衍，还会招致父母的控诉、指责。我就见过一个这样的妈妈：

她的女儿四五岁的样子，正是对自己喜欢的事有了初步判断，并且专注其中的时候。我是在游乐场看到这对母女的。小女孩正在坐旋转木马，她似乎是第一次坐，所以很好奇，正专注地研究其中的奥秘。她东张西望甚至动来动去的样子，吓坏了她的妈妈。妈妈就在旁边大声喊：“不要动！万一摔下来怎么办？”但是，孩子根本没有听见，她还在专注于自己的“研究”。等到旋转木马停下，孩子被妈妈一把从木马上拉下来：“你坐在上面动来动去的干什么？不知道那样很危险吗？万一掉下来，摔着了，怎么办？我喊那么大声你没听见吗？”孩子茫然地摇摇头，妈妈更加激动地控诉：“你这脑子整天也不知道在想什么，心都飞哪儿去了？我嗓子都喊哑了，你居然还没听见！你说我这么操心我为了谁啊……”小女孩在妈妈的控诉下，默默地低下了头。她似乎也觉得自己刚才不应该光顾着玩，忽视了妈妈。

我想，这个小女孩以后无论玩什么都难以再全神贯注地投入其中，而会时刻关注“妈妈在哪儿”“妈妈在干什么”“妈妈有没有喊我”……而到那个时候，孩子又会被妈妈抱怨“没有专注力”“太黏人”等。

父母一定要相信，孩子天生具有专注力。你只要敢于放手，让孩子自己去探索、做自己喜欢的事，少一些以“爱”的名义出现的打扰，保护好孩子的专注力即可。

2. 对孩子专注力的打扰还包括逼迫孩子做自己不感兴趣、不喜欢的事

比如，我邻居家的孩子喜欢弹钢琴，练得好好的，到了初中，妈妈却觉得，每天练那么久的钢琴，就是在浪费时间，还不如多做几道题。于是，就逼迫她把练钢琴的时间从两个小时缩短到一个小时，然后把那一个小时用来做习题。结果，孩子虽然人在做习题，心却在钢琴上，又怎么会有专注力呢？孩子专注力的发挥，一定是建立在兴趣、喜欢的基础上。强迫孩子放弃喜欢的事，去做他不喜欢的事，只会降低孩子的专注力。

所以，无论孩子在做什么事，只要他能够专注于其中，就是最好的。父母不要过分地打扰，甚至因为不认可孩子做的事而有意分散他的注意力。即使他正在做的事是一件错事，只要他专心地在做，父母都应该耐心地等他把事情做完，然后再告诉他这件事情是错的，并且在下次他还没开始做的时候就及时制止。

总之，让孩子专注地做好自己喜欢的事，尽可能地不去打扰他，就是对他专注力最好的培养。父母与其抱怨孩子专注力不高，不如从现在开始学会放手，让孩子从做好自己喜欢的事开始，慢慢地培养孩子的专注力。

第六章

厚德高效培养第四步：强化德行，养成习惯

孩子从小在品德、言行上养成良好的习惯，将会使他受用终身。这些习惯将会决定孩子未来为人处世的方式，直接关乎孩子以后的发展。如果父母能够帮助孩子养成良好的习惯，他将一辈子都享受其所带来的价值；如果孩子养成了坏习惯，他将一辈子都受其所累。所以，父母必须在孩子还小的时候，就训练他养成好的习惯。而培养厚德高效孩子的第四步是：强化德行，养成习惯。

礼貌是最重要的品德

礼貌，是维护人们正常生活而要求人们共同遵守的最起码的道德规范，它是人们相互尊重和友好相处的体现。中国是礼仪之邦，礼貌同时也是中华民族的传统美德。

当别人的孩子见面一句“叔叔好”，你在回答“你好”的同时一定会在心里说：这孩子真懂礼貌。每个父母都希望自己的孩子懂礼貌，但是又很难培养出一个真正懂礼貌的孩子。

有的父母跟我说，孩子很小的时候我们就教他要懂礼貌，但是孩子长大就不懂礼貌了；也有的父母说，见到熟人也让孩子叫叔叔阿姨，但是孩子就是不叫；还有的父母说，孩子还小，长大了自己就懂礼貌了；更有的父母说，孩子在家挺懂礼貌的，怎么到了外面就不懂礼貌了……

要想培养出一个懂礼貌的厚德高效的好孩子，父母首先要从自身做起，告诉孩子什么叫礼貌；其次要通过肯定、表扬来鼓励孩子学会礼貌；最后要让礼貌成为孩子的一种习惯。

1. 以身作则，教孩子什么叫礼貌

很多家长看到孩子做出不礼貌行为时候的反应大多是训斥、批评，其实父母都没有考虑清楚为什么孩子不礼貌。一项针对儿童懂礼貌的调查表明：大部分孩子不懂礼貌是因为他们根本就不知道什么叫礼貌。

所以，父母想让孩子懂礼貌，首先要以身作则，教会孩子什么叫礼貌。比如，想要孩子主动与人打招呼，父母先要主动与人打招呼；想要孩子得到帮助之后说感谢的话，父母先要对帮助自己的人说谢谢；想要孩子学会别人说话的时候不打断对方，父母先要学会倾听……

例如，父母想要孩子养成见人问好的习惯，可以从早安开始，每天早上起来父母见到孩子的时候首先问句“早上好”，孩子就会学着说句“早上好”，慢慢的孩子见人就知道问好了。

很多家长在孩子不懂礼貌的时候摆出一副家长的架子，一味地呵斥孩子打招呼，自己却忘记了与人问好，这样的“言传身不教”肯定不能教出一个懂礼貌的孩子。有礼貌的父母才能教出懂礼貌的孩子，所以，父母要给孩子树立一个好的榜样，孩子才能从模仿开始。

礼貌行为十准则：

※“您好”“谢谢”“对不起”“请”“再见”等礼貌用语嘴边挂。

※ 尊重别人，报以微笑。

※ 不打断别人，学会倾听。

※ 不取笑、侮辱他人。

※ 打扰别人，要得到允许。

※ 乐于助人，主动伸手。

※ 自觉遵守纪律。

※ 不要指责、批评别人。

※ 诚实、守信。

※ 讲究卫生。

2. 及时表扬礼貌行为，并具体指出

父母对孩子的礼貌行为要给予及时表扬，也就是说，父母要告诉孩子，礼貌是好的表现，值得表扬。因为，想要得到肯定和赞美是人类的本质，特别是孩子正在进步的时候，一句表扬的话能够起到鼓励孩子继续这样做，甚至做得更好的作用。

对于那些没有礼貌或者很少表现出礼貌行为的孩子，表扬更加重要。针对这样的孩子，父母就应该留心观察，对其少数的礼貌行为给予表扬可以让其感到被肯定和自信。一旦孩子树立了自信，下一步就离懂礼貌的孩子不远了。

当然，父母在对孩子的礼貌行为进行表扬的时候，要给孩子指出具体哪些行为值得表扬，不能一概而论地说“真乖”“真有礼貌”。比如，在排队的时候，孩子主动地礼让一位老爷爷先排队，如果父母简单地说一句“好孩子”，孩子只会模糊地认为自己得到了肯定。但是你如果具体地指出“谦让是礼貌的行为，你刚才主动地谦让别人，真懂礼貌”，孩子就会知道他的礼让行为得到了肯定和鼓励，从此以后孩子会坚持做这样有礼貌的行为。

3. 及时制止不礼貌行为

由于孩子处于学习阶段，缺乏判断力，对很多的行为很难分清对错。所以，在及时表扬孩子礼貌行为的同时，父母还要做到及时制止孩子不礼貌的行为。

同时，从心理方面来说，无论是成年人还是孩子，在自己的要求不被满足的时候，都会有不良情绪出现，进而会做出不礼貌的行为。比如，孩子问父母要一样玩具，父母不给买的时候，孩子往往就会出现不礼貌的行为，如哭闹等。

而有的父母在孩子出现哭闹等不礼貌行为的时候，为了避免引起别人的误会就会委曲求全地答应。岂不知，这样非常容易起到反面的作用，会让孩子认为这种不礼貌的行为也是被肯定的。

所以，针对孩子的这种哭闹行为，父母要做到心平气和地跟他讲道理，但是无论如何也不能助长他的不良之风。当然，父母在遇到孩子出现不礼貌行为

的时候也不能采用粗暴、命令等过激的行为去制止。

4. 让礼貌成为习惯

“习惯成自然”，父母培养一个懂礼貌的孩子并不是要求其给自己装面子，而是要让孩子养成一种良好的习惯。

有人做了一项关于孩子懂礼貌的调查：问题是“当你需要别人帮忙的时候，你会怎么说”。90% 的孩子的回答都没有带“请”字。当问及孩子为什么没用“请”字的时候，大多数孩子的回答是“忘了”。这说明，大多数的孩子不是不懂得什么行为是礼貌行为，而是不经常用，本来应该养成的良好习惯，变成了把礼貌丢在脑后的习惯。

父母让孩子明白什么行为是礼貌行为，什么行为是不礼貌行为之后，就要把不礼貌行为去掉，让孩子反复练习礼貌行为。当然反复练习并不是说对着镜子练习，而是要给孩子创造更多表现礼貌行为的机会，从开始教孩子礼貌行为，直到孩子自觉、主动地去做，让礼貌成为孩子的一种习惯。

最后，父母通过言传身教、及时鼓励、坚持练习等方式教导孩子懂礼貌的同时，也要尊重孩子的意愿，注意方式方法，要掌握尺度、循序渐进、潜移默化地影响孩子。

让孩子懂得遵守规则

“听话”几乎是每个中国父母都曾对孩子说过的话。甚至在有些父母看来，“听话”是判断一个孩子是否优秀的重要标准。但是，也有一些父母认为，过于“听话”的孩子没有自主性，长大了没出息。这两种说法各有各的道理，关键在于孩子听的是什么话。如果是父母完全按照自己的判断随意提出的一些要求，孩子当然可以不听；但是，如果是一些必须遵守的规则，孩子就一定要听。

遵守规则是人最重要的品德。这个世界因为规则而变得有序，使我们可以相对自由地生活。如果没有规则，或者说大家都不遵守规则，那么所有人就都失去了自由。举个最简单的例子，交通规则是和我们的生活最紧密相关的社会通用规则。“红灯行，绿灯停”，使路上的车辆、行人都能按照既定规则行驶。但是，一旦出现一两个不遵守规则的人，那么，很容易出现交通事故。如果绝大多数人都不遵守规则，不管红灯绿灯都横冲直撞，那么交通必然会乱，谁也走不掉，所有人都会失去出行的自由。

所有的自由，都是在规则之下的相对自由，没有人可以完全按照自己的意愿、心情、喜好来做事。即使你是在原始森林，也要遵守大自然的规则，不可以乱砍树木、不可以随便用火、不可以滥杀滥捕，否则就会破坏大自然的生态平衡，受到大自然的惩罚。

懂得遵守规则，会使孩子将来成长为一个自觉、自律、有尊严的人。他不仅自己严格遵守规则，按规则办事，从而赢得他人的尊重，还会在自己的利益受到威胁的时候，懂得用规则来保护自己。这正是遵守规则最根本、最重要的意义。所以，不要只是简单地对孩子“说话”，而应该让孩子懂得规则，遵守规则。

有些孩子小时候不遵守规则，父母不但不告诫，反而认为那是“个性”。真正的“个性”应该是建立在遵守规则的基础之上的不同于其他人的特质。通过破坏规则建立的个性，不但会伤害别人，最终还会伤害到自己。如果父母对于孩子的这种行为不能及时地规范、纠正，就会使孩子形成错误的价值观，甚至可能危及一生。所以，父母在家庭教育中，一定要让孩子了解规则的重要性，让孩子懂得遵守规则才能更好地生活，才能更加自由地去做自己想做的事。

1. 定家规，培养孩子的规则意识

要让孩子遵守规则，就要培养孩子的规则意识，让孩子了解什么是规则，为什么要遵守规则。作为父母，培养孩子的规则意识首先就要在家庭中定规则，让孩子在日常生活中感受什么是规则，以及遵守规则的重要性。家中没有规则，是导致孩子缺乏规则意识的重要原因。

中国传统的家庭中几乎都有“家规”，用来规范家庭成员的思想和行为。大的家族甚至有完善的家规体系，如中国最为著名的十大经典家规：《诫伯禽书》《命子迁》《诫子书》《颜氏家训》《诫皇属》《包拯家训》《诲学说》《袁氏世范》《朱子家训》《弟子规》。即使是小家庭，父母也会在言行举止中对孩子建立一定的规则，培养孩子的规则意识。

然而，在当今社会，家庭教育中出现了两个极端：一个是家庭没有规则，完全顺从孩子的心意；另一个就是家庭的规则完全是由父母制定的，孩子必须遵从。

第一种情况，导致的结果很明显，孩子根本不知道什么叫规则。在孩子心目中，我就是规则，我就是中心，一切都要听我的。最典型的例子就是天才少年李天一的打人、轮奸案件。

一个 4 岁学钢琴、8 岁学书法、10 岁加入中国少年冰球队，并连续两届获得全国希望杯青少年儿童钢琴比赛二等奖、中国作品演奏奖、全国少儿钢琴比赛金奖、第八届北京钢琴艺术节优秀演奏奖的天才少年，却因为不懂得遵守规则而最终触犯法律，在 15 岁的大好年华因打人而被拘留教养，从 17 岁就因强奸罪被判有期徒刑 10 年。

李天一的案件应该让那些因溺爱孩子，不忍用规则限定孩子“个性”“才华”的父母警醒！如果你不能在家中为孩子立规则，让孩子从小就有明确的规则意识，并懂得遵守规则，那么，等到他踏入社会，就会因为破坏社会规则甚至是违反法律而毁掉前程。

第二种情况，父母以强权政策要求孩子必须遵守自己定的家规，不但不能培养孩子的规则意识，反而会使孩子讨厌规则、抗拒规则。如此一来，孩子更难以产生规则意识。所以，这样的规则还不如没有规则。

真正有效的家规，是父母和孩子一起制定、所有人都认可、符合家庭整体利益的规则。家规一旦产生，就应该以书面的形式进行明确，而不仅仅是口头协议。因为人的记忆是有时效性的，如果没有书面文字，很容易忘记，从而导致家规变来变去，孩子也不知道到底该按什么标准遵守了。所以，父母和孩子共同制定好家规之后，要形成明确、准确的书面文字，并且在短期内不变。这样的家规才能真正有利于孩子养成规则意识。

2. 父母以身作则，严格遵守规则

父母是孩子遵守规则的榜样，所以必须做到以身作则，不破坏规则。无论是家规，还是社会规则，都要严格遵守，让孩子知道，规则是绝对不能破坏的。比如，你和孩子讲交通规则，告诉他不能闯红灯、不能横穿马路等，但是，如果你带孩子过马路时，“因为有急事”就在车辆比较少的时候闯红灯过马路，孩子就会对父母关于规则的教导产生质疑，甚至觉得偶尔不遵守规则也没什么关系。所以，规则一旦建立，绝对不能以任何理由为借口而破坏。

此外，如果孩子遵守规则，很“听话”，父母一定要对他进行及时的表扬和鼓励，让孩子感受到遵守规则的乐趣。毕竟，当孩子遵守规则的时候，会因为被限制而感到压抑、不开心、忍耐。如果他发现遵守规则并不能为自己带来什么“好处”的时候，他可能下一次就会尝试破坏规则。而当他发现破坏一点规则也没有什么“坏处”的时候,你之前对他进行的所有规则教育都将付诸东流。

所以，让孩子懂得遵守规则，父母就要让孩子感受到遵守规则的乐趣，同时了解不遵守规则的后果，并要求他必须为违反规则而造成的后果承担责任。比如，家规要求不能说谎，孩子却说谎了，即使很小的一件事，也不能姑息，要严格按照家规要求对其进行惩罚。同时，父母在执行规则方面，要保持一致性，不能出现一个人惩罚、另一个人说情的情况。这会导致孩子无所适从，不知道到底谁说的是对的，甚至还会把父母之间的这种冲突当成自己不遵守规则的借口。总之，要让孩子懂得遵守规则，父母必须以身作则，严格要求。只有这样，才能使孩子真正成长为一个懂规则并且遵守规则的人。

培养孩子集体友爱的精神

“二孩政策”的实施对于原本是独生子女的家庭来说，可谓是几家欢喜几家忧。绝大多数父母在生不生二胎这个问题上遇到的首个甚至是最大的障碍就是——老大不同意。甚至有些孩子为了阻止父母再要二孩，不惜以死相逼。即使有些父母不顾老大的阻碍，要了二胎，也会出现老二出生后，老大闹情绪、不接受弟弟或妹妹，甚至趁父母不在的时候偷偷打弟弟或妹妹，完全没有父母想象中的“兄友弟恭”“姐妹友爱”的快乐。出现这样的情况，和父母有了二孩之后，会在一定程度上忽视老大，不能再像以前那样完全围绕着老大转，从而导致老大产生极大的心理落差不无关系。但究其根本原因，还在于父母对孩子缺少集体友爱教育，或者说“悌道”教育。

缺乏集体友爱精神的孩子，往往缺乏互助意识，凡事都想以自我为中心。这样的孩子将来在社会很难立足。如果孩子连自己的弟弟妹妹都不能接受，不能友好地相处，父母又怎么能指望他在社会上能够和其他人和谐相处、互帮互助呢？如果不能拥有良好的人际关系，不能得到他人的关怀与援助，再优秀的孩子长大以后也不可能取得多么伟大的成就。任何成功都离不开团队的力量，没有人能靠一个人的力量取得成功。尤其是在这个兄弟姐妹较少的时代，如何才能与他人友好相处，几乎成了许多孩子最需要掌握的生存技巧。所以，父母必须在家庭教育中培养孩子集体友爱的精神，训练孩子与他人合作的能力。

1. 培养孩子的恭敬意识

孔子曰："不学礼，无以立。"这里的"礼"指的就是规则、礼节。中国的悌道自古就倡导要长幼有序、尊老爱幼，对他人要心存恭敬。《孟子》中说："爱人者，人恒爱之；敬人者，人恒敬之。"当孩子懂得恭敬他人时，他人同样也会恭敬他。拥有恭敬意识的孩子，懂得处处与人为善，他人就会与他为善。然而，我们再看看现在的有些孩子，由于父母的娇纵，别说对他人心存恭敬了，即使是对自己的父母都呼来喝去，完全不懂得尊敬长辈。

很多父母总认为，孩子还小，一切要以他为先，处处以他为中心。于是，在一个家庭中，完全没有了传统的"或饮食，或坐走，长者先，幼者后"的规矩，而孩子也在这样的环境中养成了傲慢无礼、以自我为中心的人生态度。这样的孩子到了社会上，同样也不懂得友爱他人，自然难以拥有良好的人际关系。因此，要培养孩子集体友爱的精神，父母首先要培养孩子对他人的恭敬之心。无论是长辈、兄弟、领导、同事、朋友，都应该以一种谦虚、礼敬的态度与之相处，只有这样，才能拥有和睦的关系。

2. 培养孩子的分享意识

人和人之间的许多矛盾都源于自私，不懂分享。我们经常看到两个孩子因为抢夺玩具而发生争执，这个时候父母就要培养孩子的分享意识，不要让他养成自私、重财物的习惯。《弟子规》中说，财物轻，怨何生。一个人只要不把钱财、物品看得太重，就不会和他人争抢这些身外之物，自然也就不会和他人生怨，友爱也就有了。

《大学》中讲道："是故财聚则民散，财散则民聚。"当孩子把财物看得太重，紧紧攥在自己手中的时候，就会失去他人的友爱、支持；当孩子把财物看轻，和他人分享时，就能赢得人心。与此有同样观点的，还有《孟子》中的：

“独乐乐，与人乐乐，孰乐？”曰：“不若与人。”意思是说，一个人享受快乐，和与他人分享快乐，哪个更快乐？答案是，与他人分享。

要培养孩子的分享意识，一定要让孩子认识到：分享并不意味着失去，反而是一种获得。如果你不懂与他人分享，你就无法获得他人的友爱和支持，他人也不会主动与你分享。如果你愿意与人分享，你就能吸引很多人和你做朋友，受到他们的欢迎和喜爱，并且他们也愿意与你分享，你也就会有更多收获。同时，在日常生活中，也要注意借助集体生活，比如和家里的兄弟姐妹、邻居家的孩子、学校里的同学等相处时，引导孩子把自己的玩具、零食、学习用品等和大家分享，让孩子自己去体会分享带来的快乐，他也就更懂得分享的意义，成为一个乐于分享的人。

懂得分享，才懂得互助、合作。懂得互助、合作的孩子，在未来才能适应社会、立足社会，才能和他人建立互助互爱的关系。

3. 培养孩子的友爱意识

孩子对他人的友爱意识只能在和他人相处的过程中得到培养和锻炼。因此，父母在教导孩子的过程中，要尽可能地为孩子创造条件，比如，带孩子找其他孩子一起玩、一起看书，让他们自由相处，遇到问题、出现矛盾要鼓励他们共同解决，而不是父母插手帮忙。当然，这并不意味着父母完全袖手旁观。由于每个孩子的性格、习惯、价值观等不同，处理问题的方式也会有所不同。面临和同伴的争执，有的孩子像小霸王一样选择武力解决，而有的孩子则像受气包一样忍气吞声。类似这两种处理方式，都难以使孩子产生友爱意识，反而会使霸道的孩子更加霸道，懦弱的孩子更加懦弱。所以，当孩子与其他孩子出现矛盾难以解决时，父母除了鼓励他们自己沟通解决，还应该在旁边加以引导，让孩子学会如何通过和平、友爱的方式解决问题。

父母应该教导孩子与人相处一定要以诚相待。在发生矛盾的时候，不要试图用权势、武力压倒对方，而是要以德服人，以理服人。正如《弟子规》中说的那样，“势服人，心不然；理服人，方无言”。要让孩子知道，要想得到他人的尊重、喜欢，就要以平和、友爱的态度和他人相处，即使他人有错，也不能强势压倒对方，而应该是语气柔和地规劝。

此外，要培养孩子的友爱意识，父母还应该有意地强化孩子的同情心。同情心是使孩子产生友爱之心、具备良好品德的重要因素，是孩子建立良好人际关系的重要基础。富有同情心的孩子往往心地善良、容易亲近，懂得站在他人的立场考虑问题，能够体会他人的痛苦，从而以友善的态度对待他人，也更愿意帮助他人。

事实上，同情心是孩子与生俱来的天性，但因为父母的教养方式不同，导致有的孩子在成长过程中渐渐丧失同情心，而有的孩子则更富有同情心。要增强孩子的同情心，一方面，父母要教导孩子善待身边的人和事，同情弱者和身处困境的人，体谅他人的难处，并主动给予帮助；另一方面，父母要重视自身的品德修养，在日常生活中以富有同情心的行为来激发孩子的同情心。比如，当孩子感到无助的时候，父母主动给他一个拥抱，并告诉他：“我知道你很难过。”或者当身边的亲人、朋友遇到难处的时候，主动伸出援助之手。这些都会有效激发孩子的同情心，使孩子学会如何友爱地与他人相处。

人与人之间，要建立和谐亲密的关系，必须以爱为基础。每个人都希望得到他人的尊敬与爱，和他的身份、地位、年龄无关。培养孩子集体友爱的精神的核心，就是让孩子懂得爱，分享爱，付出爱。无论是和自己有着血缘关系的父母、兄弟，还是毫无血缘关系的朋友、同事、邻居，都应该以一颗仁爱之心去对待。当孩子带着爱去对待所有人的时候，他会收获更多的爱，他的人生便有如神助一般顺心、顺利。

教孩子养成有始有终的习惯

大多数父母会发现，孩子做事情往往出现三心二意、半途而废的情况，最后一件事情做得虎头蛇尾。比如，玩过的玩具散落一地不去收拾；做完的作业堆满书桌也不往书包里放；一个游戏玩到一半就中止，然后去玩别的游戏；刚刚完成一半的图画，画着画着就扔在那里去干别的事情了……

曾经有一个学员问我："老师，我有一个6岁的孩子，做事情总是做到一半就放弃了，怎么跟他说都改不过来。请问，我该如何帮助孩子改掉这个坏毛病，帮他养成做事有始有终的习惯呢？"

我想，这样的事情在很多的家庭中都发生过，大多数的父母也都希望帮助孩子养成有始有终的习惯。那么，我们首先要来分析一下，孩子为什么做事不能做到有始有终？

从孩子的心理来说，孩子的性格还没有成型，很多事情他们都没有经历过或者经历得少，对他们来说没有好坏之分，也不存在什么该做、什么不该做的行为准则。

一方面，孩子对很多事情都没有感受，他们对未知、新鲜的事情有着天生的好奇心，他们渴望能够把看到的、听到的东西都亲身感受一下。所以，当他们做一件事情的时候，如果发现另一件事更有趣，由于正在做的事情已经有了一定的感受，而新出现的事情还没有感受过，他们就很容易放弃手中正在完成的事情，转而去做更有吸引力的事情。

另一方面，孩子对事物的联想比较丰富，在他们的思维世界里，任何事情都没有固定的认知，他们也不知道一件事情该做到什么程度才算做完。比如，对于积木，他们不会非要把积木堆成固定的样式才算完成，无论完成的结果如何，他们都会认为本来就是这样子的。

通过上述两个方面的原因分析，我们知道了孩子为什么会做事情虎头蛇尾。虽然知道做事情虎头蛇尾并不是孩子故意养成的坏毛病，但是作为父母，我们知道有始有终的做事习惯会对孩子以后的学习和生活给予很大的帮助。

那么，父母应该从哪些方面着手，以什么样的方式帮助孩子养成有始有终的做事习惯呢？

1. 多陪伴、多指导

父母的陪伴是对孩子最好的指导，让孩子感受到爱的同时，还能够通过自己的言行举止对孩子进行影响、帮助，是帮助孩子养成良好习惯的最好方式。

有的父母认为帮助孩子养成良好的习惯就是要告诉孩子什么该做、该怎么做。其实，这些父母忽略了一个非常重要的事实，父母是孩子的榜样，父母做事的态度会直接影响孩子做事的态度。人们常说陪伴是相互的，父母陪伴孩子也是孩子在“陪伴”父母，父母指导孩子的同时，孩子也在观察父母的行为习惯。

现在，年轻的父母压力很大，工作很忙，大多数都是爷爷奶奶、外公外婆帮着带孩子，父母陪伴、指导孩子的时间很少。有的父母就说了：“现在生活压力那么大，不拼命工作就没有高收入。每天下班回到家身心疲惫的，陪伴孩子时间少也是没有办法的事情。”其实，很多情况下都是父母在为自己不能够陪伴孩子找借口。

父母连陪伴孩子的耐心都没有，还怎么能够希望孩子有耐心把事情做得有始有终？俗话说："上梁不正下梁歪。"父母是做事有始有终的人，那么培养的孩子一般都会是做事有始有终的人。

哈佛大学心理学系教授吉尔博接受媒体采访，谈到父母没有时间陪伴孩子的问题时说："十年以后，你不会因为今天少做了一个项目而遗憾，但你会因为没有多陪孩子一个小时而后悔。"

有一次，一位学员找到我，请求我找到一个方法，能够帮助她现在大学辍学、整日游手好闲的儿子改掉做事"虎头蛇尾"，没有责任心的坏毛病。

她说，当初自己家里穷，看到别人家的孩子吃得好、穿得好，就想拼搏一下也给孩子一个好的生活环境。自己和老公就开了一个商铺，没想到，商铺的生意越来越火。于是，她就扩大了经营范围，生意也越做越大。

可是，生意越做越大也就意味着陪伴孩子的时间越来越少。当时，她就安慰自己，再坚持一下，等到生意稳定下来再补偿孩子。就这么一个"等"字，把儿子从小学等到了中学，从中学等到了大学。其中，高中的时候，儿子经常说学习太累，几次想要退学都被她给劝住了。

中学毕业后，儿子的高考成绩并不理想，为了让儿子接受更好的教育，她就自费把孩子送到了国外读大学。没想到，孩子最终还是没有把学业读完。

谈到这里的时候，她满脸都是悔恨的泪水，一个劲儿地责怪自己当初没有多陪陪孩子。那么多年的拼搏，挣了那么多钱，也不知道孩子能不能守得住。最后，她跟我说，谁要是能让孩子改掉身上的坏毛病，她愿意拿出自己全部资产的一半作为报答。

所以，身为榜样的父母，工作再累、生活压力再大，也要抽出足够的时间来陪伴孩子、指导孩子。

2. 告诉孩子，"今日事今日毕"

日常生活中，由于各种各样的外界因素的影响，当孩子还没有完成一件事情的时候，父母为了更重要或者更着急的事情，往往会要求孩子"明天再做"。

比如，孩子正在做手工，父母想要带孩子出去，但是孩子手上的事情还没有完成，父母由于着急就告诉他“回来再做”。

那么，问题就出来了，“明日复明日，明日何其多”，那么多的“明日”，孩子不会认为这次的事情可以明日做，下次的事情就不可以明日做。

王女士是一位非常注重孩子行为习惯培养的妈妈，对孩子要求严格的同时也对自己要求非常严格，她要求孩子做什么事情都要有始有终、今日事今日毕。于是，她就和孩子约定了很多行为准则，比如，放学后先写作业，再玩游戏、吃饭。孩子也非常遵守约定，基本上都能做到“今日事今日毕”，做事条理非常清晰。

有一天，孩子在做作业的时候突然间跑到正在做饭的王女士面前：“妈妈，我去玩了。”王女士以为孩子已经完成了作业，就点头答应了。

可是，等到饭做好了叫孩子来吃饭的时候，王女士却发现孩子还在桌子前写作业，就问孩子：“刚才作业不是写完了吗？怎么还在做作业？”

孩子放下作业，回答道：“刚才只是写了一半，现在快写完了。要不我吃完饭再写吧。”

王女士非常生气：“我们的约定是写完作业才能玩游戏、吃饭，今天为什么不遵守约定？”

王女士还没有说完，孩子就理直气壮地辩解道：“上次在奶奶家，我就是作业没完成先吃的饭，奶奶告诉我说‘作业可以明天再写，先吃饭，要不饭菜凉了还得重新加热’。”

上述案例中的孩子就是因为一次奶奶说的“明日做”，把已经养成的良好习惯抛之脑后。

除了上述几个要点外，帮助孩子养成有始有终的习惯，父母还要有一定的耐心，给孩子成长的时间，遵循孩子身心发展的规律。

对孩子的坚持给予鼓励和协助

很多家长苦恼，现在的孩子毅力真差，本来一件非常有兴趣的事情，遇到一点困难和挫折就放弃了。

一位家长曾经跟我说："我们家孩子几乎报过所有的兴趣班。"

我当时不了解情况，就说："这很好啊，说明你的孩子兴趣广泛。"

我对孩子的夸奖并没有从他的脸上看到自豪，相反，他非常苦恼地跟我说："所有的兴趣班都报了，但是，孩子没有一个能够坚持下去的。"他跟我叙述了孩子报每个兴趣班的开始、经过和结果。

拿学跆拳道来说吧，当时孩子嚷着要报跆拳道的时候，他虽然认为没有必要，但是又想到可以锻炼孩子的身体，就答应了。谁知道，孩子还没学一个月就嚷嚷着不学了。他就问孩子不学的原因，孩子说不出个所以然来，只告诉他学跆拳道没意思。

然后，这位家长还告诉我，几乎每个兴趣班都是孩子坚持要报，然后在孩子坚持不学的态度中放弃。

我当时还调侃地跟他说："有一点是值得肯定的，当孩子嚷嚷放弃兴趣班的时候，最后，你都屈服在孩子的嚷嚷下，最起码孩子放弃的态度非常坚决。

这说明，孩子对自己不想要的东西是能够坚持不要的。”

从上述案例中，家长就要总结经验了。为什么孩子毅力差，很难具有坚持的好品质？首先，很多半途而废的事情是因为不适合孩子。事实证明，案例中的很多兴趣班都不适合孩子，父母没有找到孩子当初报兴趣班的出发点，最大的可能是孩子看别的小朋友都报了自己也想报。

其次，有可能在孩子在兴趣班学习的时候遇到过挫折和困难，没有得到父母的帮助，让自己失去了坚持下去的自信；或者是取得了一定的成就没有得到父母的鼓励，缺乏成就感。

那么，结论出来了，孩子并不是不能坚持，而是父母没有给孩子坚持下去的理由和帮助孩子养成坚持品质的方法。

1. 让孩子有坚持的理由

很多时候，孩子无法坚持做一件事情，不是因为孩子不想去做，而是因为缺乏一个坚持下去的理由。比如，成功的时候没有掌声，找不到人分享；失败的时候没有鼓励，缺乏信心……

所以，父母要想让孩子在做事情的时候能够坚持下去，首先要从孩子的角度出发，让孩子有坚持的信心和理由。孩子开始对某件事情比较有兴趣，但是后来发现，做这件事情并没有得到自己想要的东西，那么，他就会渐渐地失去兴趣。这个时候，父母就要从孩子的角度找原因，看看到底是什么导致孩子失去做下去的兴趣。

比如，有的孩子性格比较活泼，猛然间失去对某件事情的兴趣会不会是找不到人分享？这个时候，如果父母能够成为孩子分享的对象，或者帮助孩子找到兴趣相投的分享对象，那么，孩子就又会将这件本身就有兴趣的事情坚持做下去。

再如，孩子性格比较柔弱，在做一件事情的时候遇到了困难，自己很难找到解决的方法，如果父母能够及时给予鼓励和帮助，那么，孩子有很大的可能坚持做下去。

2. 告诉孩子，什么是责任

日常生活中也经常出现这样的情况，孩子做一件事情由于主观原因或者客观原因被打断后，就把这件事情抛之脑后了。比如，一张画画到一半就失去了兴趣，干脆就丢到垃圾桶里了；一件事情被父母打断告诉“明日”再做后，第二天就不当回事了；遇到挫折后就放弃了。

针对这样的情况，父母要从培养孩子的责任心开始，要让孩子懂得，既然做了这件事情就要对自己的行为负责。父母可以给孩子划定一块“责任田”，告诉他“责任田”里面的事情都必须由他自己完成。当然，“责任田”的划分要根据孩子的兴趣和能力来决定，要从小到大、从易到难。比如，孩子小的时候先让他自己动手剥水果，让孩子知道，要想吃就得付出劳动。

曾经一个学员跟我分享他的一个帮助孩子培养责任，养成有始有终好习惯的案例。

他有一个6岁的儿子，是一个典型的做事情“虎头蛇尾”的孩子，每次做事情都是马马虎虎、得过且过。为了让儿子有责任心，养成做事有始有终的习惯，他冥思苦想了一个方法。

儿子非常喜欢小狗，他就买回了一只小狗，期望通过养小狗来增加儿子的责任心，告诉儿子：“小狗狗是你的了，你要每天给它喂饭、清洁。”

儿子由于非常喜欢那只小狗，就一口答应了下来：“好的，它是我的了。”开始几天，儿子还能按时照顾小狗。不久，儿子做事情“虎头蛇尾”的毛病就犯了，非常没有责任心地把小狗忘到了脑后。

没办法，照顾小狗的工作又丢给了他。但是，他发现，儿子虽然不负责小狗的吃饭、清洁，还是会在想起来的时候陪小狗玩，而且每次小狗一叫，儿子都会跑过去逗一逗它。发现这个情况后，他就想，如果把小狗放在儿子每天都能看到的地方，小狗饿了的叫声会不会逼着儿子去完成自己的承诺呢？

于是，他就把小狗放到了儿子的房间。没想到，这个方法还真的起作用了，儿子渐渐地养成了按时喂食、清洁小狗的习惯，即使他把小狗搬回阳台以后，儿子还是能够每天都按时完成任务。

渐渐地，儿子做事情有条理了起来，开始不像以前那么马虎了，逐渐地认真起来，每次做事情也都能做到有始有终了。

在帮孩子认识责任的时候，要注意一点，就是建立在充分尊重孩子的基础上。如果孩子不被尊重，就会认为父母口中的所谓“责任”其实是父母强加给他的。

另外，坚持是一种优秀的品质，父母在帮助孩子找坚持下去的理由的同时，自己也要坚持做下去，这样，孩子才能够有信心、有毅力去坚持。

培养刻苦顽强的毅力

孟子曰："天降大任于斯人也，必先苦其心志，劳其筋骨，饿其体肤，空乏其身。"人们也常说："吃得苦中苦，方为人上人。"一个人要想担当大任、独当一面，必然要成为经得起痛苦、苦难，具有刻苦顽强毅力的人。

曾经影响美国两位总统的成功学大师拿破仑·希尔也曾说："自然经常是先给某些人重重的一击，让他们倒伏在地，看谁能爬起来再投入人生的战场，那些毅力强大的勇敢者，就被选择为命运的主人。"

现在，大多数孩子都是独生子女，孩子就是家里的小皇帝，是被作为温室里的花朵进行培养的，基本很少有经历风雨的机会。在这样的环境下培养起来的孩子，很难具有吃苦耐劳的毅力。

我们可以从大多数的家庭中看到这样的场景：孩子出点体力，父母怕孩子累坏身体；孩子出点脑力，父母怕孩子累坏脑子。最后，家里无论是动手还是动脑的事情都被父母包圆了。很多缺乏刻苦顽强毅力的事实都证明，是父母的温室造就了孩子缺乏坚韧的性格，遇到困难或诱惑就很难挺过去。而那些具有刻苦顽强毅力的人，往往能够经得起挫折、抵得住诱惑，不是去找借口，而是去想办法，最终解决问题、达到目的。

提出“情商”概念的著名心理学家戈尔曼曾做过一个实验：给一群4岁的孩子每人一块糖，告诉他们，谁若是能在规定的时间后再吃那块糖，谁就能再得到一块糖。然后，实验人员在暗处悄悄观察，一部分孩子仅仅坚持了很短的时间就迫不及待地把糖吃掉了；相反，另外一部分孩子中途也想把糖吃掉，但最后还是忍住没有吃。那些没有吃掉的孩子是因为通过做游戏等方法来分散注意力，从而达到冲淡吃糖欲望的，最终坚持到规定时间过去，同时他们也得到了第二块糖。

十年后，当那群孩子年龄增长到14岁的时候，实验人员做了跟踪调查，发现曾经赢得第二块糖的孩子比没有得到第二块糖的孩子的学习成绩普遍高了很多。而且，曾经赢得第二块糖的那部分孩子在遇到困难和挫折的时候，会主动地面对，意志力非常坚定。

再过几年，实验人员又做了一次持续跟踪调查，结果是曾经赢得第二块糖的那部分孩子比没得到第二块糖的孩子的成功率更高。

戈尔曼的实验说明，一个拥有顽强毅力的孩子的成就远远高于缺乏毅力的孩子。所以，父母不能再把孩子放在温室里培养，而是要教给他们在磨炼中面对困难和挫折的方法和勇气，培养出孩子顽强的意志力。

1. 多给孩子创造磨炼的机会

顽强的毅力不是靠想象，也不是靠父母的口头传授就能够拥有的。顽强的毅力需要在千锤百炼的锻炼中磨砺出来。

曾经有人在网上发过这样一个视频：一位非常勤劳的妈妈，对儿子的关心超出了人们的想象，她错误地认为，只要学习好将来孩子就能够有出息。所以，她从来不让儿子做家务，除了学习甚至都没让孩子独立面对过任何困难。

本来她希望儿子大学毕业以后能够找到一个好工作，有个美好的人生。可是，让她没想到的是，儿子毕业后根本就没有工作能力，总是抱怨工作任务繁重、太苦、太累，一连找了很多份工作，没有一份工作做的时间超过一个月。

最后，儿子干脆在家啃老，不找工作了。即使在家啃老，儿子也不会帮父母做任何事情，就连让他做个家务都爱理不理。在家啃老的时间里，儿子除了打游戏，就是和一群游手好闲的狐朋狗友胡混，根本就没有一点高学历的觉悟。

这位妈妈实在看不下去儿子一直这样堕落下去，就批评了儿子几句。可是，儿子却振振有词地反驳道："如果你不能养活我一辈子，为什么从小对我那么娇惯？"

很多父母总说孩子不懂事，不知道体谅父母，殊不知是父母对孩子过于溺爱，把孩子从小保护得太好。我想，没有任何一个父母希望自己的孩子像案例中儿子一样没有毅力，逐渐堕落。

所以，父母要抱着"训练多出汗，战时少流血"的态度，给孩子多一点磨炼的机会，让孩子也平时多流汗，遇到苦难少流泪吧。

2. 陪孩子一起锻炼

新生代的父母越来越多，他们本身就是被自己的父母宠着培养大的，自己根本就没有吃过苦。这样的情况越来越多，父母都不知道苦为何物，何谈让孩子从吃苦中磨砺出顽强的意志？

从这方面来说，培养不出一个拥有顽强意志的孩子，缺乏榜样的力量也是非常重要的一个原因。所以，父母在培养孩子顽强毅力的时候，不妨和孩子一起吃点苦，磨炼孩子的顽强意志的同时也磨炼一下自己，和孩子共同进步。

比如，平时带孩子一起跑跑步、打打球。但是，要记住，无论是何种方式的锻炼，父母在陪伴的时候一定要做个榜样，只有自己坚持住了，孩子才能够坚持住，这样才能在日常的训练中磨砺出顽强的意志。

我看过一个视频：一个父亲陪孩子跑步，父亲骑着一个山地车，边骑边拿鞭子催着孩子快点、坚持。旁边，孩子一脸的气愤，边跑边埋怨。最后，父亲一不小心掉进了一个没有井盖的下水道里，谁知看着这一切发生的儿子不仅没有伸出援手，相反嘲笑一番后扬长而去。

3. 教会孩子自立

让孩子学会自立是指父母要让孩子自己的事情自己做，自己的责任自己担。有的父母不舍得孩子累着，连上学的书包都帮孩子送到教室。可以说，中国的父母有着太多的“不舍得”：不舍得孩子自己睡，不舍得孩子独自去上学，不舍得孩子流泪，不舍得孩子流汗……这些“不舍得”就是孩子不能自立的根本原因。

所以，父母在教孩子自立的时候，首先要让自己从“不舍得”转变为“舍得”。父母要告诉自己，舍得孩子自己睡，舍得孩子独自去上学，舍得孩子流泪，舍得孩子流汗……

当然，我们都能理解为什么父母“不舍得”，是怕孩子受到伤害。所以，父母在教会孩子自立的前提，首先要教会孩子如何保护自己。比如，让孩子背会父母的电话号码，记住什么情况下拨打110、什么情况下拨打120等。

一个人只有具备顽强的毅力，才能拥有克服困难的信心和勇气，才有实现梦想的信念。可以说，顽强的毅力是成功的保障，父母给予孩子磨炼毅力的机会和方法就是给孩子未来一个保障。

诚实的习惯对孩子的人生至关重要

诚实是指忠厚正直、不说谎话、尊重事实、表里如一、光明磊落。诚实是诚信的基础，诚实之人必然守信。一个诚实的人也必然是正直的人、自信的人，是尊重别人的人，所以也必然会得到别人的尊重、信任。

孔子曰：“人而无信，不知其可也。大车无輗，小车无軏，其何以行之哉！”意思是说，人要是失去了信用，不知道他还可以做什么，何以在社会立足？就如马车没有固定车轮的木楔子一样，凭什么行驶呢？

很多父母就会问，这个社会充斥那么多的谎言，我们该如何培养孩子诚实守信的习惯呢？

1. 告诉孩子，诚实是什么

冯玉祥曾说：“对人以诚信，人不欺我；对事以诚信，事无不成。”诚实是人们在社会交往中最起码的道德规范，是最重要的一种道德品质，同时也是人们立足社会、获取别人信任的基础。

相关调查发现：条件相同的两个孩子，诚实的孩子比不诚实的孩子更容易取得事业上的成功，更能赢得生活的美满。

日常生活中，父母在培养孩子诚实习惯的时候，首先要告诉孩子，诚实是什么，哪些行为是诚实的表现。比如，父母答应孩子的事情一定要做到，让孩子亲身体会什么是诚实；通过诚实守信的小故事告诉孩子是什么诚实……

2. 不要哄骗孩子，即使是善良的欺骗也尽量避免

谈到哄骗孩子，我想大多数的父母都有过这种行为。比如，父母不想让孩子做某件事情，其实是因为别的原因，但是怕孩子听，就把后果说得更严重等。

还有一种父母比较谦虚，当别人夸自己孩子的时候会谦虚地否定，或者当孩子取得一定成绩却被父母说成是正常之事。比如，当别人夸赞自己孩子聪明、漂亮的时候，很多父母比较谦虚，就会当着孩子的面回一句“哪里聪明了，还没有你家宝宝聪明呢”。

虽然，大多数的父母对孩子的哄骗都是善意的，但是，孩子很难理解善意，只会认为父母是在欺骗自己。久而久之，孩子不太相信别人的同时，也会学着开始说谎。

我的一个性格非常多疑的朋友，每次朋友聚会都需要好几个人给他打电话他才出来。当问起原因的时候，他跟我们说害怕我们欺骗他。

有一次谈到小时候的天马行空的想法时，他曾经跟我们说，他是在父母的哄骗中长大的，曾经很长一段时间他都认为自己是父母从车站捡来的，而且所有的小朋友都是从车站捡来的。那个时候的他非常诚实，认为父母告诉小朋友是捡来的就是捡来的。有很多次，别的小朋友说自己是父母生的，他还和他们发生过争执。

直到自己成年以后，他才了解到所有人都是父母生的，自己也是父母生的。虽然知道真相以后，他明白父母的哄骗只不过是善意的欺骗而已。但是，他还是变成了一个性格多疑的人。

在孩子很小的时候，孩子无法分辨什么是真假，如果父母经常用哄骗的方式对孩子进行教育，时间久了孩子就很可能对是非认知混乱，很难养成正确的是非价值观。同时，父母也是孩子模仿的对象，父母经常哄骗孩子，孩子也会学会撒谎，对培养孩子的诚实习惯非常不利。

3. 找到孩子撒谎的原因，帮助其纠正

对于孩子很多不诚实的行为，父母首先要从孩子的认知发展上找原因。孩子不诚实是为了实现某些愿望，还是为了掩盖某些错误，抑或是为了迎合父母的意愿？然后，根据原因，找到相应的方法帮助孩子养成诚实的习惯。

心理学家告诉我们：大多数的孩子说谎有两个原因：一个是为了实现某种愿望，通过谎言让父母帮助自己实现；另一个是为了掩盖自己的错误，逃避父母的责备和惩罚。

当父母要求孩子做自己不喜欢的事情的时候，孩子往往没有能力去反抗，特别是年龄较小的孩子，这个时候，他们就会想出别的方法来拒绝父母的要求，撒谎就是其中最常用的一个手段。比如，宝宝不想喝白开水，但是妈妈非要喝，为了拒绝妈妈的要求，实现自己不喝水的愿望，他们往往会撒个谎。对于这样的情况，宝宝最常用的有：我肚子疼，不想喝；我胳膊疼，不想拿；我饿了，想吃蛋糕……

针对这种为了实现某种愿望的谎言，父母一经发现，就要及时拆穿，然后通过正面的语言去激励孩子下次出现类似愿望的时候可以直接告诉父母，父母会尽量满足孩子合理的愿望。

还有一种情况，当孩子犯了错误，害怕父母的责骂，为了逃避责任而撒谎。这种情况的撒谎往往是因为父母过于严厉或者教育方式不当引起的。比如，孩子一旦犯错，父母不通过鼓励让孩子改正，而是上纲上线、严厉处罚，希望这样能够改变孩子错误的行为。

针对这种为了逃避惩罚而说谎的情况，首先，父母要肯定孩子知道做错事情是不好的行为，然后再告诉孩子，为了掩饰错误而撒谎也是一种错误的行为。父母可以告诉孩子，下次遇到这样的情况，如果错误是可以补救的同时孩子又说了实话，就有可能免去惩罚或者减轻惩罚。相反，如果下次再出现这样的情

况，父母可以根据孩子撒谎的次数，逐级增加惩罚的力度，也就是说，告诉孩子撒谎的次数越多惩罚越严重。

4. 善于鼓励，比惩罚更有效

在帮助孩子养成诚实习惯的时候，有时候鼓励比惩罚能起到更好的效果，而惩罚的方式不对往往还会起到相反的效果。

美国第一任总统华盛顿的父亲在教育孩子方面非常有智慧，华盛顿诚实的习惯就是在父亲的鼓励中养成的。

一次，小华盛顿拿着父亲送给他的小斧头把院子里的两棵樱桃树砍倒了。等到父亲回来的时候，发现樱桃树被砍倒了，故作非常生气地问儿子："是谁砍倒了我的樱桃树？如果让我找到了，我要狠狠地揍他一顿。"

小华盛顿这才明白自己的无心之举竟然闯下了大祸，心想说实话肯定是要受到惩罚的。华盛顿的父亲从小华盛顿的表情中看到了儿子内心的挣扎，没有去逼问，而是用一种鼓励的眼神静静地看着儿子，让小华盛顿用自己的诚实去战胜惩罚带来的恐惧。小华盛顿在父亲鼓励的目光中终于鼓足了勇气："是我砍倒了你的樱桃树。我只是想试一试你送我的斧子锋利不锋利。"

父亲其实早就知道了是小华盛顿砍倒的樱桃树。所以，当小华盛顿诚实地说出原因的时候，他不但没有惩罚，反而高兴地抱起儿子："好孩子！爸爸宁愿损失1000棵樱桃树，也不愿你说一句谎话。爸爸原谅诚实的孩子。不过，以后再也不能随便砍树了。"

此外，父母帮孩子建立判断是非的标准，并及时对孩子的不诚实行为进行修正是非常有效的帮助孩子养成诚实习惯的方式。

第七章

厚德高效培养第五步：陪伴支持，鼓励与爱

爱是人类生存和发展不可缺少的条件。《弟子规》"泛爱众"中，强调"凡是人，皆须爱"。一个心中有爱的人，往往具备感同身受的能力，在和他人相处的过程中，更懂得尊重、关心、爱护他人。而要想让孩子学会爱，首先必须让他感受到爱，尤其是感受到来自父母、家庭的爱。父母在和孩子相处的过程中，给予他们的陪伴支持，鼓励与爱，是提升他们的品德修养，修正他们的言行举止最重要的一步。父母通过言传身教，让孩子懂得什么是爱，以及如何去爱，也是孩子自我激励的重要部分。因此，培养厚德高效孩子的第五步是：陪伴支持，鼓励与爱。

陪伴与支持是最好的教育

某网站曾经针对中国 0 ～ 3 岁孩子的家庭做过一项网络调查，结果发现，家中由祖父母、外祖父母或保姆带孩子的家庭比例居然高达 75%，而有 61% 的孩子在家每天做得最多的事是“自己玩玩具”，还有 25% 的孩子是“自己看电视”。这些惊人的数据背后是父母陪伴与支持的缺失，更是爱的缺失。

作家池莉在她的书中曾这样写道：“我发现从古至今，孩子都是一样的；家长却发生了巨大改变。现在太多的父母在孩子身上只愿意花钱，不愿意花时间、精力和心思。实质上是家长变得糊涂了，自私了，盲目了，愚蠢了，懒惰了，把责任都转移给学校了，他们简单地让学校和社会培优班侵吞孩子所有的时间，而自己去赚钱，去应酬饭局，去打麻将，去出差，去旅行，去享受各种各样的成人娱乐消费。固然我们学校的教育体制和方式出现了很大问题，而在客观上，家长的态度也怂恿和支持了学校。”

池莉这段话真正揭开了当今社会许多父母的真面目，那些被“忙碌”吃掉的陪伴的孩子时光，正在拿着一把看不见的刀伤害孩子幼小的心灵，使他们在父母的冷落中渐渐变得冷漠、自私。物质上的满足永远不能使孩子学会爱，不能填补孩子内心对爱的渴望。“让孩子过更好的生活”“给孩子提供更好的教育环境”……这些只是父母为了弥补对孩子爱的缺失的借口，却根本不是孩子真正想要的。许多父母总是认为，时间是很宝贵的，应该用在最有价值的事情上。但是，他们却不知道，作为父母，陪伴孩子就是他们人生中最有价值的事情。钱可以等一等再赚，工作可以等一等再做，孩子却不会等父母在身边的时候再长大。

当然，也有很多父母意识到陪伴孩子的重要性，所以他们尽可能地选择自己带孩子，或者多在家中陪伴孩子。但是，结果如何呢？我曾经在一个朋友家遇到过这样一件事。

周末，我到这个朋友家做客。朋友很高兴，陪我坐在客厅说话。他三岁的女儿瑞瑞在旁边画画。不一会儿，瑞瑞拿着刚画好的一幅画，走到爸爸身边：“爸爸，你看我画得好看吗？”

朋友头也不抬地说：“等一会儿，瑞瑞，爸爸现在在陪客人，没空。”

我示意朋友可以先看看瑞瑞的画，然后我们再聊。但他却笑着说：“没关系，小孩子画着玩而已，我等一会儿再看。”

瑞瑞有些失望地离开了。她又拿着自己的画跑到在厨房的妈妈身边：“妈妈，我画了一棵苹果树，你看好看吗？”

妈妈正在炒菜，慌乱之中回了一句：“瑞瑞，等一会儿，妈妈现在没空。”

瑞瑞显然非常失望。她拿着自己的画，默默地坐在一边，无精打采的。我走到瑞瑞身边，跟她说：“爸爸妈妈说‘等一会儿’就会看你的画的。”她却委屈地哭起来：“不会的。他们总是说‘等一会儿’，但是等一会儿他们会说要吃饭、要看新闻、要洗澡、要喝牛奶、要睡觉……他们总是这样。”

在整个过程中，瑞瑞的爸爸妈妈都表现得非常慈爱，而且他们始终陪在瑞瑞的身边。但是，瑞瑞却根本没有感受到来自爸爸妈妈的陪伴与爱，她反而感觉很受伤、很委屈。事实上，这也是现在很多家庭的真实情况。尽管父母都在家里，孩子却还是被冷落，他们只能“自己玩玩具”“自己看电视”“自己画画”“自己读故事”……孩子渴望父母的陪伴，却不只是他们在身边。孩子需要的是父母带着爱与耐心的有效陪伴。那么，父母要怎么做才算是有效陪伴呢？

1. 人在心更在

既然已经从忙碌中抽身，希望好好地陪陪孩子，那就彻底地放下工作，放下电话，放下电脑，放下电视，放下交际……放下一切有可能会干扰你陪伴孩子的事情，全心全意地投入到陪伴孩子的过程中。在这个过程中，不是让孩子参与到父母的活动中来，而是父母放下身段，参与到孩子的游戏中。比如，和孩子一起搭积木，和孩子一起画画，和孩子一起看动画片，和孩子一起聊天……总之，此时此刻，孩子就是你的全世界。你要知道，那些在你眼中幼稚、无聊、不重要的事情，却是孩子心中最珍贵的。而你对这些事的态度不仅会影响到他此时此刻的心情，甚至还有可能在他的生命中留下难以磨灭的痕迹。

2. 以孩子的需求为导向，支持他

有效的陪伴要求父母真正了解孩子，尽可能满足他的需求，支持他的选择与期待。比如，有的父母在陪伴孩子做游戏的过程中，总是想要按照大人的规则来教导孩子，让孩子按照自己的进度来玩。事实上，孩子有他自己的规则。既然是你陪伴孩子，你就要以孩子的需求为导向，让他来控制游戏的规则，玩什么、怎么玩都让孩子自己选择，父母要给予鼓励、协助和支持。总之，如果你在陪伴孩子，一定要尽可能地以孩子为中心，以孩子的需要、期待为出发点，让他感受到“爸爸妈妈在陪我”，而不是“我在陪爸爸妈妈”。

3. 每天都要尽量留出一点只属于你和孩子的时间，哪怕只有 1 分钟

真正有效的陪伴，并不是一定要长时间地和孩子在一起，而是你和孩子在一起的每一分每一秒都是有意义的、有爱的。否则，即使是每天 24 小时和孩子在一起，也不能算是真正的陪伴与支持。所以，陪伴孩子并不需要父母一定要做出一些诸如辞掉工作、放弃赚钱等有可能影响家庭物质生活水平的牺牲。父母可以在每天“挤出”一点时间，高效地陪伴孩子。哪怕只有 1 分钟，只要

让孩子感受到你的爱，就是有效的。

早上，你可以在孩子刚刚醒来的那一刻，送上温柔、快乐的问候：“宝贝，早安！”同时，给孩子一个大大的拥抱和带着爱意的亲吻。这一系列的动作做下来，或许用不了 1 分钟，但却足以让孩子一天都有一个好心情。

下午，你可以在下班回到家时，给孩子一个热情的问候：“宝贝，爸爸 / 妈妈回来了！你今天过得开不开心？”而不是进门就连珠炮似的：“作业写完了吗？”“今天在学校表现怎么样？”“这次测试考了多少分？”“你是不是跟同学打架了？怎么衣服弄这么脏？”这些你最关心的问题恰恰是让孩子最头痛、最厌烦的问题。就这样，你把一段和孩子难得相处的亲子陪伴时间，彻底变成了破坏亲子关系的时间。

晚上，你可以在孩子入睡前，和孩子来一次“真情大告白”。不催着他睡觉，不指责他玩得太晚，而是温柔地和他聊上 5 分钟，让他在完全放松的状态下，和你说说“今天最让他难忘的事”。无论孩子说什么，你都要以最认真的态度去聆听和回应。你也可以和孩子说一些甜言蜜语：爸爸 / 妈妈爱你；你对爸爸 / 妈妈非常重要；你是一个非常聪明的孩子……

总之，只要父母能做到自己陪伴孩子的每一分钟都是全身心地投入，都是从孩子的视角去看待孩子的世界，以支持者的身份出现在孩子的游戏中，陪伴就是有效的。

了解并尊重孩子的内心世界

“代沟”俨然已经成为父母和子女之间矛盾的根源。就像那句“有一种冷叫你妈以为你冷”一样，很多时候，父母以为的和孩子内心真实的想法往往南辕北辙。

莉莉今年读高二，和爸妈之间的代沟问题让她烦恼不已。

有一次，莉莉上完晚自习有些饿了，和朋友一起去吃饭，顺手拍了几张美食照片发到朋友圈，并附文“深夜报复社会”。很快爸爸就在她的朋友圈留言，让她不要发这些反社会的言论，赶紧删了。实际上，“深夜报复社会”是指：深夜时，人们往往都饥肠辘辘，在网上发一些美食图片会让人更馋、更饿，有“报复社会”之嫌。然而，尽管莉莉和爸爸作了解释，却依然被要求“必须删掉”。

还有一次，莉莉的生活费用完了，她跟妈妈聊QQ要生活费，妈妈回复她“呵呵”。莉莉在电脑这头一脸茫然：这到底是给还是不给呢？因为在网络用语中，“呵呵”被理解成敷衍。接着，莉莉发了一个朋友圈，说自己现在身无分文，“求包养”。妈妈直接一个电话打过来，把莉莉狠狠地骂了一顿——你小小年纪，好的不学专学这些乱七八糟的思想。从小到大我是怎么教你的？做人要自立自强自爱！我实在想不明白，你怎么就变成了这个样子……莉莉没机会也没办法跟妈妈解释，自己只是借“求包养”表达一种没钱的无奈感。

最让莉莉感到无语的是，爸爸生日的时候，她熬到00:00给爸爸发了一条“生日快乐”的短信。这在莉莉看来是最有爱最温暖的祝福方式。然而，爸爸第二天回了她这样一条短信：那么晚都没睡，瞎玩什么！以后早点睡，别耽误学习。

莉莉和朋友无奈地感慨：“世界上最遥远的距离不是‘我爱你，你却不知道’；而是我说‘爸爸妈妈，我爱你们’，你却跟我说‘呵呵’。”

莉莉道出了许多孩子的心声。父母总是以自己的方式爱着他们、管着他们，却不知道他们心里也有自己的想法和打算。但是，这些想法和打算往往被父母无视，不了解也不想了解，最终只能是连聊天都难在一个频道上。于是，许多孩子因为不知道用什么方式和父母沟通，干脆就不沟通、不说话。对于父母来说，却觉得：我为你付出那么多，为什么你都不懂呢？

父母和孩子之间，到底是谁不懂谁？站在父母的角度，孩子什么都不懂，当然要多听父母的意见，以免走上弯路、错路。但在孩子看来，父母不但不理解自己，有时甚至还通过打骂想要把自己的想法强加到孩子身上。这样一种不可调和的矛盾，显然对于亲子关系极为不利，更有可能导致父母和孩子之间根本没办法沟通，那么，父母想要“教导”孩子也就更没有了机会。要想改变这种情况，父母只有先了解并尊重孩子的内心世界，才能换来孩子的理解与尊重，让孩子敞开心扉。

1. 相信孩子是独一无二的

许多父母之所以不能做到理解并尊重孩子，根本原因就在于他始终把孩子当成自己的附属品，认为孩子什么都不懂，想要去保护他。事实上，每个孩子从出生的那一刻起就是这个世界上独一无二的个体了，不是任何人的附属品，而是有着自己独立思想的一个人。

纪伯伦在《论孩子》中提道：“你们的孩子，都不是你们的孩子，他们虽和你们同在，却不属于你们。你们可以给他们以爱，却不可给他们以思想，因为他们有自己的思想。你们可以荫庇他们的身体，却不能荫蔽他们的灵魂。因为他们的灵魂，是住在明日的宅中，那是你们在梦中也不能想见的。你们可以努力去模仿他们，却不能使他们来像你们。因为生命是不倒行的，也不与昨日一同停留。”

父母要相信孩子的独一无二，并且相信他们有自己的思想和灵魂。你不能让他们按照你的想法成长，却可以走到他们的内心世界，找到他们的成长规律，做一个和他们站在一起的卫兵，而不是高高在上的君王。

2. 尊重孩子的想法与意愿

孩子在不同的阶段会有不同的想法和意愿。这些是父母了解孩子的窗口，同时也是孩子成长的一个见证。3 岁的孩子希望自己可以到天上去摘星星，即使你现在不去纠正他，他在未来也会知道——星星是摘不下来的。所以，父母应该学会尊重孩子的想法与意愿，帮着他完成不同人生阶段的学习和成长。不要急于求成，总希望把所有的知识、经验都一股脑地教给孩子，好让他少走一些弯路。如果他从来没走过弯路，又怎么知道如何才能不走弯路呢？所以，对于孩子在成长过程中的想法和意愿，父母要给予充分的理解和尊重。即使是错的，也不要急着下结论甚至是批评、指责。要给孩子犯错的权利和机会，让他自己去探索、去总结、去发现。

父母要让孩子感受到：如果你愿意，我随时都在这里，随时可以聆听你的心声；如果你不愿意，我也会尊重你的意愿。只有这样，孩子才会愿意向父母打开心扉，主动告诉父母自己的真实想法，同时尊重来自父母的意见。

3. 允许孩子有自己的秘密

每个人都有自己的秘密，孩子也不例外。有些父母觉得孩子不应该有自己的秘密，什么事都应该告诉父母，和父母商量。殊不知，有秘密是孩子开始走向独立的过程。有了秘密说明孩子开始意识到自己是独立的个体，开始懂得要独自面对事情，独自承担责任。所以，父母不必为孩子有了自己的秘密而耿耿于怀，甚至不惜一切代价也要挖出他的秘密。只有父母学会允许并尊重孩子有自己的秘密，学会用孩子的眼光去看待、感受他的世界，孩子才会像对待同伴那样，愿意和父母分享自己的秘密，聊聊心里话。

父母要记住，孩子天生懂得信赖、依靠自己的父母。所以，父母想要了解孩子的内心世界，听听他们的心里话并不难，只要给予他们充分的信任和尊重即可。更重要的是，如果孩子和你分享他的想法，千万不要以“父母的威严”去审判。

会犯错的孩子更真实，宽容他并引导他

人非圣贤，孰能无过？更何况是孩子。犯错对于孩子来说太正常了，有的错是他根本不知道是错而犯下的，有的错是他虽然知道但不知道怎么避免而犯下的，还有的错是他虽然知道怎么避免却因为粗心而犯下的……总之，孩子的成长之路上铺满了犯错留下的脚印。一个孩子如果从来都没有犯过错，恐怕他也难以获得什么成长。任何人都不可能仅仅听别人讲的经验、教训以及提供的技巧、方法就完美地做好一件事，只有通过自己犯错他才能真正知道这件事到底该怎么做。所以，犯错是孩子最好的成长途径，会犯错的孩子更真实。

然而，许多父母却因为自己的面子、虚荣心，希望孩子表现优秀，不要犯错。一旦孩子出现失误，犯了错，父母就会大发雷霆，对孩子严加批评甚至是打骂。原本孩子犯了错自己就已经很懊恼了，父母的态度使他们更加难过。被父母打得胆战心惊之余，他们根本无暇去想自己是怎么犯错的，为什么会犯错，以后要怎么避免。最重要的是，下次遇到同类事情，他们往往会因为害怕犯错被父母打骂而变得谨小慎微，但最终还是在不知不觉中犯了错。这就像尿床的孩子如果被打反而尿床变得更加频繁。究其根本原因，就在于孩子的心灵比较脆弱，当他意识到自己犯错的时候心里已经有了压力，而父母过分指责甚至打骂的态度使他们心理压力更大，如此一来，他们越是不想尿床越容易尿床。

事实上，每个孩子所犯的大部分错都是无心的，是父母夸大了他们的错误，使他们觉得自己很糟糕，做不好事情，结果反而因为自我否定而一再犯错。父母对待孩子犯错最聪明的做法是，把孩子犯错当成平常事来对待，对他们的错误表示理解，并且以一种宽容的态度去引导他们认识到自己的错误，同时积极改正。这样可以缓解孩子因犯错而产生的心理压力，也可以使孩子对错误有一个正确的认识和态度。

当然，宽容也要有一个“度”，否则就会走向另一个极端——完全忽视孩子的错误，跟孩子说“没关系”“无所谓”。父母的这种态度让孩子觉得“自己根本没有犯错”，下次还可以再这样做。于是，孩子不断地重复错误，父母不断地在后面为孩子摆平错误。到后来，即使孩子知道那是不对的，也会肆无忌惮、毫无责任心地去犯，因为他知道父母一定会帮他摆平的。但是，这个世上总有“摆不平”的事。如果父母从一开始没有让孩子认识到犯错就要承担后果和责任，等到孩子犯下父母难以摆平的错误时，就为时已晚了。

因此，对待犯错的孩子，过分指责和过分宽容都是不正确的。父母的责任是引导孩子认识到自己的错误，并积极改正。那么，父母要如何正确地对犯错的孩子进行引导呢？可以通过以下 5 个问题来引导。

1. 发生了什么事

这个问题看起来似乎是多余一问，其实很重要。绝大多数父母在遇到孩子犯错的情况时，总是习惯性地妄自判断、下结论：“你把花瓶打碎了？”“一定是你粗心，这次才没有考好。”事实却有可能是：“小猫把花瓶打碎了，我正在收拾。”“有几道题我根本不懂，所以才没考好。”所以，当孩子犯错的时候，即使你已经看到了、听到了，也要再问一句：“发生了什么事？”一方面给孩子一个陈述事实的机会，另一方面也可以有效缓解我们因为孩子犯错激起的怒气，以便接下来心平气和地引导孩子认识到自己的错误。

2. 你的感受是什么

孩子从自己的角度介绍完事情的经过之后，无论是不是孩子的错，父母都不要急于评判，而应该让孩子把自己此刻的情绪感受说出来。有时候，我们的生气、难过、悲伤、痛苦、内疚、后悔等情绪，如果能及时说出来就会觉得“好多了”。孩子犯错之后，肯定有一定的情绪。这个时候，父母说什么他都难以听进去，甚至有可能会因为“爸爸/妈妈根本不理解我的感受”而拒绝和父母沟通。如果我们能够先问他的感受是什么，给他一个发泄情绪的机会，等到他心情平静下来，再和他谈犯错的事，就容易多了。如果在他说完自己的感受之后，父母能够及时共情——“我理解你的感受”，会使接下来的引导更加顺畅。

3. 你想要怎么处理

这个问题是给孩子一个自主权，让孩子说出他的真实想法。一般来说，当父母问出这个问题之后，孩子都会进行思考，对解决办法做出自己的判断和筛选，尽可能地去承担自己犯错的后果和责任。如果是这样，父母就可以保持沉默，直接跳到“第五个问题”。如果孩子的答案并不尽如人意，父母也不要感到失望，急着教训他，而是应该继续冷静地引导，问下一个问题。

4. 你觉得这样做会有怎样的结果

让孩子自己思考、检视他的处理方式是否得当。事实上，绝大部分的孩子对自己行为可能产生的后果都有清晰的认识。这个时候，我们就可以跟孩子针对这个问题进行讨论，让孩子明白“我到底错在了哪里”，“要怎么做才是对的”……整个讨论过程，父母都要像个知心朋友那样，心平气和地站在孩子的角度对问题进行分析，并充分尊重孩子提出的每一个观点。

5. 你希望我做什么

到了这一步基本上孩子心中对于如何处理自己犯错这件事已经有了决定。父母不必刻意再去追问他到底是怎么决定的，要相信孩子一定会选择最明智、最妥善的处理办法。要知道，父母的信任就是孩子成长的最好动力。所以，你只需要问孩子“你希望我做什么”，表示出和孩子统一战线并且愿意提供支持的态度。

总之，当孩子犯错时，父母不应该始终纠结于是非对错的问题，而应该对孩子进行积极的引导，让孩子学会自己承担、处理问题，从而培养孩子独立思考、解决问题的能力。

从情感上与孩子在一起

美国著名的婚姻研究心理学家约翰·戈特曼说："好父母永远跟孩子是一头的。"的确如此，父母只有跟孩子站在一头，从情感上与孩子在一起，父母给予孩子的爱与教导才会被孩子接受。否则，父母对孩子说的、做的一切都将变成一厢情愿。对孩子来说，"我想要的是一个苹果，你却给我一车香蕉，你还说你爱我"。父母要明白，缺乏理解的爱，不是真正的爱。

然而，真正能够做到从情感上理解孩子，与孩子在一起的父母寥寥无几。我们经常看到的场景往往是这样的：

当孩子的玩具被小朋友抢走，孩子因为愤怒而出手打人的时候。父母立刻上前制止，大声地训斥孩子不懂得分享，和孩子讲一大堆分享的道理，最后还要求孩子拿出更多的玩具给抢走他玩具的小朋友。但是，你是否想过，即使是大人，被人抢走了东西也会感到愤怒、生气呢？

当孩子不小心把心爱的玩具弄坏了，他感到非常难过。父母却说："早就跟你说，要好好珍惜，你就是不听。好了吧，现在坏了吧。看你还怎么玩！我可不会再给你买新的。"但是，你是否想过，孩子并不是故意弄坏玩具，而且他因为失去了心爱的玩具，已经很伤心了？

当孩子因为妈妈抱了别的孩子而感到嫉妒，大哭着把其他孩子推开，自己钻进妈妈的怀里时，妈妈却责备他，做人不能太小气，甚至把他推开，把别的孩子再次抱起来，以示自己大气。但是，你是否想过，孩子这样做并不是因为他小气，而是因为他也希望得到妈妈的拥抱？任何人看到别人得到自己想要的东西都会嫉妒。

当孩子因为怕陌生人而不愿意打招呼的时候，父母却责备他："真是不懂礼貌！这有什么好害怕的。快点，叫'叔叔'。"但是，你是否从孩子躲在你背后的眼神里看出，他真的很害怕？即使是大人，第一次和陌生人见面、打招呼的时候，也会感到害怕、紧张。

……

这样的场景几乎就是父母和孩子相处的日常。从表面看，父母都是在教导孩子，让孩子成为一个品德良好的人，然而，孩子却因为父母的态度陷入更深的负面情绪中，根本不可能把父母的教导听进去。所以，如果你不能认同孩子的情绪，从情感上和孩子在一起，给孩子足够的安全感、信赖感，你所有的教导都将是白费工夫。

那么，父母究竟该如何从情感上与孩子在一起，让孩子感觉父母认同、理解他们的感受呢？当孩子的情感处于低谷的时候，父母又该如何通过情感连接建立亲密的亲子关系呢？其中的秘诀就在于父母要有两个"心"：同理心和童心。

1. 同理心：认同孩子的感受

有句俗话说，与快乐的人要一同快乐，与痛苦的人要一起痛苦。这就是"同理心"的最好表现。当孩子的情感出现波动时，父母最应该关注的不是"他又怎么了"，而应该是"他的感受是什么"。父母要设身处地地站在孩子的角度来看待问题，像孩子一样去感受他此刻的心情，真正认同孩子的感受——如果我的玩具被人抢走了，我也会感到很生气；如果我不小心弄坏了心爱的东西，我也会很难过；如果我看到别人得到了我最想要的东西，我也会感到嫉妒；如果我第一次和陌生人说话，我也会感到害怕、紧张……

“将心比心”这句话说起来容易，做起来却很难。要让父母在面对孩子的时候，做到“将心比心”就更难了。因为父母总是习惯站在他的视角，俯视地看待孩子的问题。于是，那些在孩子看来很愤怒、很难过、很嫉妒、很害怕的事，都成了父母眼中的小事，根本不值得孩子愤怒、难过、嫉妒、害怕，甚至父母试图通过教导孩子“你应该如何做”来阻止孩子情感上的变化，让他不再那么愤怒、难过、嫉妒、害怕。

每个人心情不好的时候，无论什么原因，最需要的都不是他人的高见，更不是责备和教育，而是理解和认同。孩子也是这样，他此刻最需要的是有一个人知道他的心情，知道他其实并不是不懂分享、不懂珍惜、小气、胆小、不懂礼貌的孩子，他也不想这样，但他真的很不开心。只有当父母从情感上和孩子在一起时，孩子才会相信，你能够帮助他处理这些他并不喜欢的情绪。

所以，请先和孩子在情感上站在一起，然后再对他进行引导教育。

2. 童心：理解并认真对待孩子的要求

有一颗“童心”的父母才能做到“同理心”。有“童心”，父母才会真正像孩子一样去关注他的需求，以孩子的视角去判断、理解孩子的行为、语言、心态、情感。

比如，叠飞机这样的小事，有“童心”的父母会和孩子一起叠、一起玩，像个孩子一样为纸飞机的起飞、降落而欢呼；而缺乏“童心”的父母只会给孩子叠一只纸飞机，让孩子自己去玩，自己在旁边看。如果孩子玩得不好，父母就会站出来“教导”孩子：你应该……孩子便很快兴趣索然。

再如，孩子向父母提出要买什么东西，在父母看来，那些东西真是很无趣，他有一万个理由不给孩子买。于是，有的父母对孩子的要求断然拒绝；有的父母则会甩给孩子一万个理由，让他自己放弃；还有的父母则完全无视孩子的理由，而是借这件事对孩子进行“说教”……而有“童心”的父母会了解孩子提出这个要求的原因，即使是孩子也绝对不会毫无原因地提出各种要求。然后再像个孩子一样谈论他提出这个要求的渴望：“妈妈也会和你一样。有时候虽然我已经有了一个包包，但我见到新的包包还是很想买回家。但是，妈妈觉得如果买了新的包包，一定会忽视旧的包包，那旧的包包一定会伤心的。妈妈不想做一个喜新厌旧的人，所以，妈妈最后还是忍住了没有买。”这样的语言会让孩子觉得：妈妈做的是对的，我也要像妈妈那样。

从情感上与孩子在一起的父母，才真正懂得孩子最需要的是什么，才能让孩子从内心深处接受父母的教育，成长为一个有品德、有爱的人。

教会孩子什么是爱，如何去爱

爱是这个世界上最温暖的情感，能够化解世上最尖锐的矛盾，也能够使人获得世上最幸福的体验。爱让人学会尊重、责任、自信和勇敢，让孩子能够成长为一个有品德、有担当、有幸福感的人。父母对孩子的教育，最重要的就在于培养孩子爱的情感和能力，让孩子懂得什么是爱，如何去爱。

曾经轰动社会的药家鑫案，人们在震惊、愤怒、指责、遗憾、同情之余，更多的是对药家鑫家庭教育中爱的缺失的感叹。药家鑫被执行死刑之后，他的爸爸药庆卫曾在微博上写道："药家鑫的事情上，我负有不可推卸的责任，我平时管教孩子过于严厉，令孩子在犯错之后害怕面对，不懂处理，最终酿成大祸。"一句话道出了一个因为家庭教育缺失而酿成的悲剧真相。

药家鑫小时候，爸爸常年在外，妈妈一个人带他。小时候，每当药家鑫在外面和其他小朋友发生矛盾，不管谁对谁错，妈妈都会骂药家鑫。妈妈觉得，这才是严格管教，这样教孩子才能成才。然而，她的孩子最后却酿造了一起社会性质极其恶劣的犯罪事件。从药家鑫爸爸妈妈的描述中，我们能够明显感受到小时候的药家鑫对爱的渴望。他似乎从未从父母那里得到过爱，所以他也不懂得如何去爱。

“他非常热衷干的事我都会打击他，我就是不让你过热，我就想浇点凉水，不要那么过激。”药家鑫的爸爸这样介绍他的教育方法。为了让儿子顺从他的意愿放弃音乐学院选择理科学校，他甚至让药家鑫的钢琴老师打击药家鑫的积极性。

药家鑫在庭审时说：“从小，上初中开始我就特别压抑，经常想自杀，因为除了无休止地练琴外，我看不到任何人生希望。我就觉得活着没有意思，觉得别人都很快乐，我自己做什么都没有意义。”关于杀人的动机，在柴静出版的《看见》一书中，曾提到——药家鑫在公开采访时说过一句“农村人难缠”，这句话后面还跟着一句没播的：“我害怕她没完没了地缠着我的父母。”就像小时候，即使被同学欺负，因为害怕父母骂他，他也不敢和父母说，只是选择逃避——不去学校。父母严厉的教育，不仅没能让药家鑫成长为一个坚强、勇敢的人，反而让药家鑫因为缺失了来自父母的爱、来自家庭的爱，而人格变得扭曲，遇到问题他首先想到的就是逃避。

药家鑫的爸爸在行刑前最后一次去看他，一见面他就说：“爸，我爱你。”一连重复了好几次。而他的爸爸，终于在他一再的表白之下，第一次对他说了“我也爱你”。

关于药家鑫案件的是非我们暂且不论，只从家庭教育的角度来说，他的父母负有不可推卸的责任。他们教了药家鑫很多道理，并且对药家鑫严格管教，只希望他能成长为一个懂规矩、不危害社会的人。父母的这个愿望看起来非常简单，最终却因为一句“我爱你”的缺失而没能达成，甚至酿成悲剧。

药家鑫的案件是一个个例，但药家鑫父母的教育方式却并不是个例。许多父母为了把孩子教好，都会对孩子严格要求，并且拼命给他们提供最好的生活和学习环境，却唯独忽略了对孩子进行爱的教育。而对于孩子来说，真正需要的恰恰是来自父母的爱，以及如何爱人的能力。一个心中有爱的人，往往是温暖的，有责任心、同情心的，有良好品德修养的。

著名心理学家弗洛伊德曾说过，人的心理健康在于懂得爱和会劳动。所以，爱的教育才是父母最需要给孩子的教育。

1. 给孩子爱，让孩子体会什么是爱

要教孩子什么是爱，首先就要给孩子爱，让孩子在父母的爱中体会什么是爱。把父母对孩子的爱渗透在和孩子相处的每个瞬间：吃饭时给孩子夹最喜欢吃的菜，和孩子一起做游戏时的全神贯注，给孩子讲故事时的温柔耐心，孩子提出要求时的理解认同，孩子向你炫耀成绩时的微笑称赞，孩子难过时候的贴心拥抱……父母对孩子的每一分爱，都会在孩子身上得到反馈。在感受父母给自己的爱的同时，他会以同样的方式去爱父母、爱他人、爱社会。

并不是给孩子吃饱、穿暖就是爱孩子，真正爱孩子就要让孩子能够感受到、体会到来自父母的爱，并且真正懂得什么是爱。然而，现在的父母却完全忽视了这一点。当他们以自己认为“正确的方式”去爱孩子的时候，并不能真正让孩子体会到他们的爱。就像药家鑫的爸爸其实是非常爱他的，正因为如此才对他更加严厉，因为他觉得这对孩子是好的。但是药家鑫从爸爸那里并没有感受到爱，他感受到的只有压力、自卑、绝望。

一个人首先要得到爱，才会真正懂得爱，才会知道如何去爱。如果一个人连从最亲爱的父母那里都没有感受到爱或者只感受到极少的爱，他根本不会理解什么是爱，也不知道要如何去爱，更别提让他去爱他人了。所以，爱不是可以培养的，而是在潜移默化中传承的。被父母用爱教大的孩子，自然而然就懂得如何去爱。

2. 适当向孩子索取，教孩子什么是爱

爱是双向的。每个人既需要被爱，也需要去爱。父母仅仅给孩子爱，让孩子生活在被爱的海洋，还不足以让孩子真正懂得什么是爱。只对孩子付出爱，只让孩子感受被爱，反而会让他成长为一个缺少责任感，只会一味索取，却不懂付出的人。所以，父母也要适当地向孩子索取爱，让孩子在为父母付出爱的

过程中，体会更深层次的爱，练就爱的能力。

我认识一个妈妈，她对孩子的教育，就不仅仅是给他爱，同时还会在日常小事中通过“索取”提醒、教导孩子也要去爱。

她的女儿叫冉冉，已经7岁了，上小学一年级。女儿很爱吃虾，但是她们家在安徽，海虾运到她们那边价钱就会很高。她每次都是只买半斤左右的虾，单独做给女儿吃。一开始，她也没觉得这有什么不妥。但是，有一次，爸爸假装要拿女儿的虾吃，女儿却大喊一声：“别动！那是我的。”女儿的话让她瞬间惊醒，原来自己对女儿的爱已经让孩子心中滋生了自私，甚至都不懂得和爸爸分享。

她走到女儿身边，摸了摸女儿的脑袋，意味深长地说：“冉冉，你知道吗？你今年7岁，就可以经常吃到这样的虾了。这都要归功于你爸爸努力工作，让我们有钱可以买这么贵的虾吃。但是，你爸爸小时候可没你这么幸运。因为家里穷，他直到工作以后，才在去青岛出差的时候第一次吃到这样的虾。”

女儿听后，感慨地说：“爸爸好可怜啊。”

她点点头，继续说道：“你这么爱吃虾就是随你爸爸。他也非常爱吃虾。但是，每次我把虾做好，他都舍不得吃，想要全部留给你吃。其实，我知道他馋着呢！”

女儿悄悄低下了头：“对不起，爸爸！我太自私了，我一直以为你和妈妈都不爱吃虾。”说着她主动剥了一只虾送到爸爸嘴里。

有些父母总认为，父母爱孩子天经地义，不应该向孩子索求回报。这句话固然没错，但如果孩子因为被父母爱得太好，而忘记了他也应该爱父母，甚至因此变得自私、狭隘，父母就应该用“索取爱”的方式提醒他，在享受别人给的爱的同时，也要懂得付出与回报。这才是爱的真谛。

3. 接受孩子的爱，让孩子懂得如何去爱

还有的时候，是孩子想要去爱，并且主动给予父母爱，但却被父母拒绝。

久而久之，孩子渐渐地就不再想要主动去爱，甚至慢慢忘了如何去爱别人。这种情况在中国的家庭中非常普遍。其实，绝大部分孩子在享受父母给予的爱的同时都懂得要爱父母。比如，有了好吃的想要和父母分享，看到父母累了想要给父母按摩、捶背……他们希望能够为父母做一些事来表达自己的爱。但是，父母总觉得"舍不得"，一次又一次拒绝孩子的爱，或者干脆无视孩子的爱。

有个5岁的小女孩，在母亲节的时候，用了几个晚上为妈妈做了一张卡片。而且她还偷偷让爸爸教她写"妈妈，我爱你"，甚至一个晚上都没睡觉，偷偷地练习。母亲节那天，她兴致勃勃地送上卡片，希望看到妈妈喜出望外的表情。没想到，妈妈拿过来之后，只是简单地看了一眼，就放在了一边，然后问她："今天的琴练了吗？"小女孩非常失望，甚至有些伤心，拿起那张被妈妈扔在一边的卡片回到了自己的房间。

到了晚上，妈妈坐在沙发上一个劲地捶着自己的肩膀。小女孩跑到妈妈身边，小声说："妈妈，我来给你捶吧？"妈妈自己的确没办法捶到后背，但她觉得女儿这一天又是学琴，又是练习跳舞，也挺累的，不忍心让她再帮自己捶背，于是，就敷衍地说："不用了。你看都几点了，快点去刷牙洗脸，早点睡觉。"

当父母抱怨孩子不懂事、不体谅父母的时候，不妨先想想当孩子第一次向自己表达爱的时候，是否被自己忽视或拒绝了。爱就是爱，和能力无关。并不是说孩子小就没有爱的能力，一定要等他长大了才能去爱。如果在他刚刚懂得如何去爱的时候，就被父母忽视或拒绝，挫伤了他主动去爱的积极性，很容易就会导致他长大之后不再知道如何去爱。孩子给你做的一张卡片、端上的一杯水、分享的一口美食……这些都是他们在学习如何去爱，父母应该高兴地接受，并用肯定、称赞鼓励孩子，让他知道他爱的方式是对的。

给孩子一个充满爱的家

每个长大后心理有缺陷、性格不好、品德不良的孩子，都和其幼年时在原生家庭没有得到足够的关注与爱有关。本章中所提到的陪伴、支持、了解、尊重、宽容、引导、从情感上与孩子在一起、教会孩子什么是爱……所有的一切都是为了一个目标——给孩子一个充满爱的家。

我有一个同学姓张，成绩优异、品行良好，唯独在和他人相处的时候非常容易冲动，一言不合就会大喊大嚷，甚至要动手。刚开始，我们都觉得他很难相处。后来，有一次到他家做客的时候，我们才知道，他的这些行为和其家庭环境有很深的关系。

张同学的父母对我们一帮同学到家里做客表现得非常热情，提前准备好了许多美味菜肴。为了不让我们感到尴尬，他父母并没有和我们一起吃饭，而是躲在厨房一起熬汤。谁知，在张同学去端汤的时候，厨房却传来了他父母大喊大叫的争执声。仔细分辨，似乎是两个人为了汤里面到底要不要放鸡精的问题吵了起来。最后，张同学面红耳赤地端着汤出来了，很明显，父母的行为让他感到很丢脸但又很无奈。

张同学父母之间相处的模式，反馈到张同学的身上，就变成了他和其他人的相处方式。他不懂得如何控制自己的情绪，也不懂得如何去表达爱。在这样的家庭中，孩子学会了争吵；在充满爱的家庭中，孩子学会的将是爱与尊重。

那么，到底应该给孩子一个什么样的家才是最适合他成长的家，才是真正充满爱的家呢？难道家庭成员之间每天都要相互表白"我爱你"才算是有爱吗？当然不是，爱是感觉出来的，不是说出来的。所以，要给孩子一个有爱的家，必须在家中营造一个有爱的氛围。

1."家"与"家庭"的意义

孩子对于"家"的概念往往还不够清晰，甚至有些父母都简单地将"家"看成是一处房子，却没有真正理解"家"的含义。家是什么？是安全的、温暖的、甜蜜的。这里有你的一生中最亲密的人、最爱你的人。这里还有你日常生活中所需的一切：让你能够安稳入眠的床，供你学习读书的台灯，在孤独时陪伴你的玩具，以及妈妈做的饭。你在这里吃饭、睡觉、玩耍、看书、学习、成长。当你开心时，家就是你分享快乐的地方；当你难过时，家就是你疗伤的地方；当你疲惫时，家就是你放松的地方……家是一间充满爱的房子。无论它是简朴还是豪华，无论它是宽敞还是狭小，只要充满欢声笑语，就充满爱。

在家中，每一个人都是你的家庭成员，都是你最亲最爱的人，也是最爱你的人。父母可以在孩子小的时候就向他介绍每个家庭成员，以及每个人之间的关系，让他知道"家庭"是什么。郝滨在其著作《催眠与心理压力释放》中说，家庭是幸福生存的一种存在。家庭幸福的建立是每个家庭成员都为之努力的结果，是家庭成员之间相亲相爱的结果。

只有让孩子了解"家"和"家庭"的意义，他才会懂得一家人之间的爱，才会懂得如何去爱家人，如何为家庭负责。

2.相亲相爱的一家人

当孩子知道了"家"和"家庭"的意义之后，父母就要在日常生活中通过一言一行、一举一动让孩子感受到家人之间的爱。就如《相亲相爱一家人》的歌词中所唱的那样：

我喜欢一回家就有暖洋洋的灯光在等待，我喜欢一起床就看到大家微笑的脸庞，我喜欢一出门就为了家人和自己的理想打拼，我喜欢一家人心朝着同一个方向眺望。

……

因为我们是一家人，相亲相爱的一家人。有缘才能相聚，有心才会珍惜，何必让满天乌云遮住眼睛。因为我们是一家人，相亲相爱的一家人，有福就该同享，有难必然同当，用相知相守换地久天长。

一束等待的灯光，一个微笑的脸庞，一份快乐的分享，一个温暖的怀抱……这些爱的细节，就是给孩子最好的爱的榜样。让孩子知道，在这个家庭中，每个成员都值得尊敬，值得被爱。

告诉孩子：爷爷奶奶、外公外婆养育了爸爸妈妈，给了爸爸妈妈很多很多的爱，现在他们又给了你很多很多的爱。现在他们年龄大了，会孤独、会难过、会生病，需要家人的陪伴与照顾。你愿意不愿意和爸爸妈妈一起陪伴、照顾他们，给他们很多很多的爱？

告诉孩子：家里的每一个人对这个家都很重要，都可以为这个家做出很多的贡献。你现在虽然还没有长大，但已经能够为家庭做很多事了。比如，把自己玩过的玩具收好；爸爸辛苦一天，下班回家的时候帮爸爸拿拖鞋；家里来客人的时候，帮爸爸妈妈接待客人，做个有礼貌的小主人；自己的事情尽量自己做，不给爸爸妈妈增加负担……

让孩子在这个过程中既感受到父母对这个家庭的爱，同时也学会如何去爱家人，享受到相亲相爱一家人的幸福。父母必须坚信，任何教育方法都不如给孩子一个有爱的家更有效。只有在爱中长大的孩子才能真正拥有可贵的品德，才会展现出顽强的生命力，成为人生的赢家。